부동산의 속성

부동산의 속성

위기의 시대,
부동산 투자
어떻게
할 것인가

신얼 지음

메이트북스

메이트북스 우리는 책이 독자를 위한 것임을 잊지 않는다.
우리는 독자의 꿈을 사랑하고,
그 꿈이 실현될 수 있는 도구를 세상에 내놓는다.

부동산의 속성

초판 1쇄 발행 2022년 7월 20일 | **지은이** 신얼
펴낸곳 ㈜원앤원콘텐츠그룹 | **펴낸이** 강현규·정영훈
책임편집 안정연 | **편집** 박은지·남수정 | **디자인** 최정아
마케팅 김형진·차승환 | **경영지원** 최향숙 | **홍보** 이선미·정채훈
등록번호 제301-2006-001호 | **등록일자** 2013년 5월 24일
주소 04607 서울시 중구 다산로 139 랜더스빌딩 5층 | **전화** (02)2234-7117
팩스 (02)2234-1086 | **홈페이지** matebooks.co.kr | **이메일** khg0109@hanmail.net
값 16,000원 | **ISBN** 979-11-6002-378-7 03320

부동산은 결국 승리할 것이다.
인내심을 갖고 기다려라.

· 도널드 트럼프 ·

부동산 자산에 대한
새로운 시각이 필요한 시대다

　자본시장 종사자이기에 가격에 민감할 수밖에 없는 사람들과 사회생활을 하고 있습니다. 업무적인 토론과 대화는 애널리스트 특유의 제3자적 입장에서 바라보고 직접적으로 의견을 개진합니다. 그런데 자산 가격에 대한 이야기가 각 개인의 입장에서 진행될 때는 매우 부담스럽습니다. 그럴 땐 보다 조심스럽게 대화를 해야 하기에 단어 선택부터 신중해지고, 상대방과의 의사소통 분위기 파악도 중요해집니다.

　『부동산의 속성』을 쓰게 된 가장 큰 이유는 제 생각을 보다 편안하면서도 직접적으로 전달하기 위해서입니다. 특히 최근 들어 업계 후배들이 깊은 고민을 터놓고 묻는 경우가 빈번해졌습니다. 직장생활, 사회생활을 잘하고 있는 것만으로도 대단한데 일찍부터 재테크에 관심을 갖는다는 것이 존경스러울 따름입니다. 동시대를 살아가는 직장인과 사회인이라면 누구나 비슷한 고민을 갖고 살아가리라 생각합니다. 그 고민의 부담과 압박을 조금이라도 덜 수 있기를 바라는 마음에서 원고를 쓰기로 마음먹었습니다.

현재도 크게 달라진 삶은 아니나, 사회생활 초창기에는 세상살이가 이렇게 어려운 것임을 매일매일 깨닫는 나날들의 연속이었습니다. 사회초년생 시절, 서초구 염곡사거리에 위치한 글로벌 자동차 본사에서 프로젝트 업무를 상당 기간 진행했습니다. 늦은 퇴근길 버스 창밖으로 보이던 역삼동 아파트 단지를 볼 때면 여러 생각이 들었습니다. 환한 불빛이 새어나오는 창문 안으로 보이는 집안 내부가 너무나도 좋아 보여 가격을 알아보면 높은 장벽으로 좌절하곤 했습니다.

스스로의 결정으로 여의도에 입성을 했고, 성장하고자 노력했지만 실력이 부족했습니다. 과거와는 상이해진 업계 여건 등으로 극적인 연봉 상승은 먼 얘기가 되어갔습니다. 게다가 여의도에서의 첫 직장은 인수가 되면서 리서치 애널리스트는 파리 목숨과 별반 다르지 않았습니다. 합병된 회사에서는 애널리스트의 구조조정과 급여 조정 단행을 시도했고, 생존한 애널리스트에게는 연봉 삭감안이 통보되었습니다. 당시 저는 대리급이었고, 같이 근무하는 주임급 RA보다 낮은 급여를 통보받았습니다. 스스로의 노력과는 무관한 자본시장의 냉정한 현실에 무기력했습니다.

특히 당시 아내는 출산을 앞두고 있었기에 급여는 우리 가족의 밥줄이었습니다. 그래서 생계를 책임진 가장으로서 제 꿈은 일단락하겠단 심정으로 타 업종의 여러 회사와 진지한 접촉을 진행했습니다. 그 결과 이직을 통해 생활도 비교적 안정화될 수 있었습니다. 쉽지 않았던 애널리스트 생활의 초중반부는 지금까지 만 10년 동안 리서치센터 생활을 이어오는 버팀목이 되었습니다.

그러나 상승한 급여만큼 업무는 늘었고, 아들의 출생으로 지출도 늘어나면서, 길지는 않지만 채권전략 애널리스트의 업무적 사고를 통해 향후 경제 및 금융시장에 미칠 영향력에 대해 나름대로 경로 분석을 했습니다. 저금리의 가속화 및 유동성 공급과는 대조적인 통화속도 저하는 실물경제보다는 자산시장으로의 자금 유입을 강하게 이끌 것이라고 판단되었습니다. 그중에서도 대표적인 자산은 부동산이 될 것이라는 결론을 내릴 수 있었고, 남은 것은 최선의 실천이었습니다.

자본시장 참가자의 급여 소득자로서의 활동 기한은 타업종 대비 짧은 편입니다. 급여 소득에만 기대해서는 가정생활을 영위하기 어려울 수 있으므로 이제는 자본소득과 사업소득 등으로 확장해야 할 때입니다. 채권전략만을 더 잘 하는 것이 필요할 수도 있지만, 제가 생각하고 그리는 세상은 보다 복합적이기에 융합적인 서비스를 제공하는 것이 보다 유의미해질 것으로 생각합니다. 그래서 관심 있는 부동산 분야에 대해 분석 자료를 발간했고, 그 과정 중에 이 책도 집필할 수 있었습니다.

저는 채권전략과 부동산분석을 담당하고 있는 자본시장 전문가의 타이틀을 달고 있지만, 모르는 것투성이인 사람입니다. 매일매일 후회하기도 하고, 새롭게 배우기도 하고, 지쳐서 쉬고 싶은 마음을 어떻게 다스려야 할지 고민하기도 합니다. 이 책을 통해 전문적인 지식과 전망을 제시하기보다는 채권과 부동산시장을 바라보는 저만의 시각과 실물경제를 둘러싼 환경의 변화, 그리고 많은 분들의 관심사인 부동산 자산에 대한 새롭지만 당연하다고 볼 수 있는 제 생각을 독자 여러분들과 공유하고자 하는 마음이 가장 큽니다. 이번 책을 통해 독자 여러분들이 부동산을 바라보는 시각을 바꾸고, 앞으로 다가올 부동산 트렌드에 대해 생각해볼 수 있는 계기가 되었으면 합니다.

무엇보다도 하늘에 계신 나의 아버지께 이 책을 바치고 싶습니다. 이제서야 아버지께서 우리 가족을 위해 기울이신 그 노력을 깨닫게 되어 너무 죄송스럽고 감사합니다.

언제나 제 편이 되어주는 아내 최영주와 우리 부부의 행복 그 자체인 아들 신율에게 이 책을 출간하게 된 기쁨을 공유하고 싶습니다. 희로애락의 인생길을 함께하는 가족과 건강하게 지낼 수 있다면 그 자체만으로도 제 인생의 가장 큰 행복이 될 것입니다. 마음 깊이 사랑하는 마음과 고마움을 전합니다.

신얼

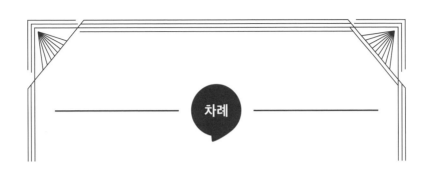

차례

1장

부동산이야말로 가화만사성의 핵심이다

2장

MZ세대의 부동산 입성을 환영합니다

3장

팬데믹을 거치면서 더욱 공고해진 부동산의 입지

4장

윤석열 정부의 부동산, 정책 전환과 트렌드 변화의 상존

5장

반드시 기억해야 할 JENTI 부동산 투자전략

6장

나는 이렇게 투자했다, 현직 애널리스트의 포트폴리오

"

안락함을 느끼게 하는 대표적 공간은 집이다. 누구나 자신의 집에서 원하는 삶을 누리길 희망한다. 그런데 집이 부동산으로 인식된 순간, 우리 사회에서는 불편한 대상이 되었다. 경제 주체의 인생 매 챕터의 목표가 집에 압도되기 시작했기 때문이다. 집에 대한 강박증을 해결하지 못한다면, 밀린 숙제를 아직 풀지 못한 기분과 같을 것이다. 안락해야 할 공간이 그렇지 못하다면, 집이라는 부동산을 외면하면 해결될까? 마무리하지 못한 숙제는 영원한 숙제로 남기 마련이다. 반면, 주어진 숙제를 다 했을 때는 진도를 나갈 수 있다. 나의 한 걸음인 동시에 우리 가족 모두의 전진이다. 나 혼자만의 숙제가 아니기에 다른 숙제보다 더 중요하게 다가오는 것이 부동산이다. "남는 건 사진"이라는 말이 있다. 우리에게 남는 건 사진 속 추억과 그 장소다. 공간은 부동산이다. 결국 남는 건 공간이다.

"

1장

부동산이야말로
가화만사성의 핵심이다

식구를 담는 공간, 집

집안이 화목해야 일이 잘 된다는 '가화만사성'이라는 옛말은 틀린 것이 없다. 이를 위해서는 집이 소중하고 필요하다. 집이라는 공간 안에서 우리 가족만의 온전한 일상이 만들어질 수 있기 때문이다.

식구(食口)라는 단어의 사전적 의미는 '한 집에서 함께 살면서 끼니를 같이하는 사람'을 뜻한다. '나'라는 존재가 특별한 관계를 지닌 타인과 같은 공간을 공유함을 전제로 한다. 물론 기본적으로 입고 먹는 일을 일상적으로 함께하는 공동체를 말한다. 식구라는 단어 안에는 우리 일상의 기본적 필수재에 해당하는 '의식주(衣食住)'가 모두 포함되어 있다.

가족의 품 안에서 성장한 후 가족을 품게 되다

일터와 사교 모임에서 함께 식사하며 아주 긴밀한 관계를 맺는 지인은 누구에게나 있다. 그럼에도 같은 공간에서 일상을 향유하지 않는다면 친한 지인 관계일 뿐이다. 물론 공유주택 등을 통해 공간을 함께 활용하고 때때로 식사도 할 수 있지만, 그 관계를 식구라고 볼수는 없다. 여기에 혈연, 혼인 등이 접목되어 친족 관계로 발전될 때비로소 식구이자 가족이 된다.

혼인을 하고 아이가 생긴 지금, 필자도 한 가족을 이루며 살게 되었다. 이전엔 이 세상에서 나라는 존재가 가장 중요했고 세상의 중심은 나였지만, 지금은 여느 부모와 부부처럼 우리 가족이 이 세상에서 제일 중요하다. 하루 일과를 마무리하고 집으로 돌아오는 길이가장 행복하다. 이 행복감을 맛보기 위해 일상에서 최선을 다하고하루하루를 소중히 여기는 것이 아닌가 싶다. 가족이란 존재는 나에게만 유독 중요할까? 분명 그렇지 않을 것이다. 모든 사람에게 가족구성원보다 소중한 존재는 아마도 없을 것이다.

가족의 소중함에 대한 정량적 지표도 존재한다

객관적으로 사람 마음의 크기를 비교하는 건 불가능한 영역이다. 그럼에도 중요도에 대한 인식을 정량화한 자료는 있다. KB경영연구

소에서는 매년 〈한국 부자 보고서〉를 발간한다. 시장경제의 주체로 살아가는 우리가 생각해볼 만한 시사점을 제시하는 자료다.

이 자료에서 부자의 현황, 부자의 투자 및 향후 투자전략도 유심히 살펴볼 주제지만, 최근 나의 이목을 끈 부분은 '부자의 자산 외 기준'이었다. 일반적으로 부자라고 하면 주로 정량적으로 측정이 가능한 금전적 수준을 기준으로 생각한다. 하지만 과연 돈만으로 우리 인생이 이루어지는가? 단연코 그렇지 않다.

〈2021년 한국 부자 보고서〉를 보면 부자를 부자답게 만드는 요소 중에서 '자산'이 36.9%의 응답으로 가장 중요한 요소로 꼽힌 가운데, 자산 외 요소 1순위는 '가족관계'가 22.4%의 응답 비중을 차지했다. 그다음은 사회적 관계(15.7%), 사회적 지위(15.2%) 및 사회 공헌(9.8%)의 순으로 이어졌다.

이 응답을 통해 부자들은 배우자, 자식 및 부모와의 관계 등 '가족관계'를 상당히 중요하게 여기고 있음을 확인할 수 있었다. 자산 규모의 차이가 있더라도 부자로 분류되는 사람들은 거의 90% 이상이 모두 '가족관계를 중시한다'고 응답했다. 여타 질의 항목에서 자산 규모별 응답 비율 격차가 존재한 것과는 상당히 대조적인 특징이었다. 한 인간으로서 성공해 타인과의 관계나 그들의 평가를 얻는 것보다 가족의 중요성이 앞서는 것이다. 이는 한편으로 가족관계를 온전히 유지하고 지켜내는 것이 부자가 되는 것만큼 쉽지 않은 일임을 깊이 깨닫게 하는 응답 결과였다.

사연 없는 집안은 없다고 한다. 개개인과 개별 가족마다 이를 바라보고 대하는 태도와 담아내는 그릇의 크기가 다를 뿐이다. 필자는 이제 곧 만 40세가 된다. 이른바 불혹의 나이에 접어들면서, 인생을 반추하는 동시에 선한 영향력을 행사할 수 있기를 바란다. 누구나 그렇듯 필자도 본가와 처가의 가족들을 통해 희로애락을 느끼고 살아간다. 가족은 언제나 내 삶의 최우선이며 그 무엇과도 바꿀 수 없는 존재다. 그렇기에 지금껏 가족을 위해 최선을 다해왔다. 부족한 점도 많은 평범한 사람이지만, 책임감을 가지고 부끄럽지 않은 삶을 살아왔다고 자부할 수 있다.

한 가족을 이루면서 우리 식구의 생활 터전인 '집'이라는 공간은 필수적이었다. 그전에는 어디에 거주하더라도 의복과 식비 등은 적절히 즐길 수 있었지만, 집이라는 요소는 언제나 불충분했다. 하지만 내 가족을 형성한 후에는 내 집에서 우리 가족과 행복하기를 간절히 희망했다.

집안이 화목해야 일이 잘 된다는 '가화만사성'이라는 옛말은 틀린 것이 없다. 이를 위해서는 집이 소중하고 필요하다. 집이라는 공간 안에서 우리 가족만의 온전한 일상이 만들어질 수 있기 때문이다. 그 생각이 내 삶의 한 원동력이었다. 이를 위한 삶의 여정을 이 책에서 공유하고자 한다.

집이 때로는
삶의 질을 결정한다

이제 주거 공간은 미래의 나와 우리 가족이 일상생활을 영위할 수 있게 해주는 가치 저장 수단으로서 자산의 성격도 중요해졌다. 현시대에 사는 우리는 주거 서비스와 자산의 두 가지 성격을 모두 충족시키고 싶어 한다.

한국은 선진국의 잣대로 통용되는 국민소득 3만 달러 시대에 진입했다. 1997년의 IMF 외환위기, 2002년의 카드 사태, 2008년의 글로벌 금융위기 등 각종 나과 속에서 부침은 존재했으나 지속적인 성장세를 이어온 결과다. 어느새 우리가 동경하던 주요 서구 선진국들과 어깨를 나란히 하게 되었다.

우리나라의 성장은 기쁜 소식임에는 틀림없지만 과연 나의 삶은 어떨까? 일반인의 기준에서는 분명 상이하게 다가올 수밖에 없지만, 자본주의에서는 상대적 부의 척도도 중요함을 고려해야 한다. 과거 대비 일상의 생활 수준은 분명 향상되었다.

예를 들어보자. 여권은 더 이상 특수한 신분증도 아닌 시대다. 해외여행이나 출장과 같은 특수한 상황에서만 필요할 것 같았던 여권을 이제는 누구나 일상적으로 소지하고 있다. 그만큼 해외 이동이 빈번해지고 일상화되었다. 팬데믹 종식 이후 예전처럼 자유로이 해외여행과 비즈니스 트립을 하기 바라지 않는가?

과거를 되돌아보면 1990년대만 하더라도 해외여행 경험자는 극히 드물었다. 2000년대 들어서 서서히 일상화되었고, LCC의 등장과 함께 2010년대 이후엔 국내여행보다 해외여행을 더 용이하게 생각했다. 비용 부담 또한 경감된 것이 사실이다. 그만큼 우리 삶은 분명 개선되었다.

나와 가족을 위한 일상의 고급화

이와 같은 일상의 변화가 단지 해외 이동에만 적용되는 것은 아니다. 해외발 재화의 수요가 높은 상품은 국내에서도 빠르게 수입되어 판매되고 있으며 이 패턴은 이제 낯설지 않다. 국내에서도 간접적으로 해외 상품을 접할 수 있는 여건이 당연해졌다.

여의도 IFC Mall에 가면 해외 쇼핑몰과 매장 구성이 상당히 비슷한 것을 확인할 수 있다. 국내외 구분이 점차 희미해지고 있다.

과거 호텔은 어른들이 주로 가는 장소였다. 현재 호텔은 청년층 대상 마케팅에 여념이 없다. 신규 수요층이 대중화되고 있기 때문이다. '호캉스'를 가지 않으면 나만 뒤처지는 듯한 기분이 들 때도 있다. 호텔의 멋진 공간에서 음미할 수 있는 음식 수준은 나날이 향상되고 있다. 10년 전 '망고 빙수'를 먹기 위해 호텔 로비 층에 늘어선 긴 대기 줄을 의아하게 바라보던 시선은 이제 온데간데없다. 호텔들은 저마다 여름에는 열대과일을 곁들인 빙수를, 겨울에는 딸기 뷔페 등을 선보이고 있다.

호텔과 미슐랭 레스토랑에서의 멋진 점심 또는 저녁 식사는 이제 남녀노소의 구분 없이 나를 위한 필수 불가결한 일상이 되었다. 언제나 예약은 어렵고, 긴 대기도 불사한다. 식문화의 고급화 현상이 부상했다.

의복 문화도 마찬가지다. 나를 위한 가치에 부합한다면 가격은 무관하다. 이른바 에루샤(에르메스, 루이뷔통, 샤넬)와 롤렉스 등과 같은 고급 명품에만 해당되는 것은 아니다. 나이키, 유니클로 등 가치에 부합하는 리미티드 에디션이 출시될 때의 밤샘 줄서기와 오픈런(open run)은 더이상 신기한 현상이 아니다. 남과 다른 특별한 제품을 내 몸에 착용하고 그것을 나의 옷장과 드레스룸에 진열하는 즐거움을 추구하는 시대다.

단순히 몸에 걸치기 위한 용도로만 옷을 입던 시대는 지났다. '옷이 날개'라는 말이 있듯이, 의복에 대한 우리 한국인들의 관심은 상상 이상이 된 지 오래다.

거부할 수 없는 주거 문화의 질적 변화

그런데 과연 의식주의 한 축인 주거 문화는 어떠한가? 단순히 몸을 누일 수 있고 쉴 수 있는 공간이면 되는 시대인가? 나의 가치와 소중한 추억을 담을 장소가 남들과 동일하다면 그것이 현시대에 내가 그토록 바라던 공간이라고 할 수 있는지 생각해볼 때다. 물론 여전히 몸 하나 쉴 공간에 대한 니즈를 중요하게 생각하는 분들도 상당히 많다. 그럼에도 시대의 변화에 따른 주거 문화의 질적 변화를 외면할 때는 아니다.

과거 단칸방에서 온 가족이 옹기종기 모여서 살던 시절을 추억할 수는 있을지언정, 그때로 돌아가서 살겠다고 생각하는 사람은 이제 거의 없다고 봐도 무방하다. 현시점의 거주 만족도와 즐거움은 내구재로서 주거 공간의 성격을 잘 반영한다. 주거 서비스에 대한 개념에 해당하겠다.

단순한 서비스가 아닌 서비스의 품질 그 자체를 중시하는 시대를 살고 있다. 이제 주거 공간은 미래의 나와 우리 가족이 일상생활을 영위할 수 있게 해주는 가치 저장 수단으로서 자산의 성격도 중요해졌다. 현시대에 사는 우리는 주거 서비스와 자산의 두 가지 성격을 모두 충족시키고 싶어 한다.

부동산을 바라보는
시선은 왜 다를까?

유독 집이라는 주거 공간에 대해서는 여전히 경직된 사고가 존재한다. 의식주 중에서 집만 특별한 것은 결코 아니다. 가격 단위가 다르다고 다른 잣대를 적용하거나 옳고 그름의 도덕적 기준을 적용하는 순간, 그 자체가 편견일 수 있다.

의식주(衣食住)는 신체를 보호해야 할 옷, 생존을 위해 필수적으로 섭취해야 할 영양분을 주는 음식, 일상적인 생활을 영위할 수 있는 주거 공간을 말한다. 의식주는 일상을 영위하기 위한 기본 요소인 동시에 가장 중요한 요소다. 단 하나의 요인이라도 부족하면 일상을 유지하기 어려워진다. 단 하나라도 결핍을 넘어 부재할 시에는 생존의 문제로 귀결될 수도 있다.

우리나라는 '한강의 기적'을 이루어낸 위대한 국가다. 이른바 '시장경제의 안착'이라는 산업화에 성공했다. 정치 체제에서도 아주 빠른 속도로 자유민주주의를 정착시켰다. 감사하게도 민주주의를 열

망한 분들의 피의 대가였다. 그 결과 우리나라는 산업화와 민주화를
동시에 달성할 수 있었다.

이는 곧 우리 삶에 즉각적인 영향을 미쳤다. 산업화를 이루지 못
했거나 진행형이었다면, 삶의 안전을 보장받고자 하는 기본적 욕구
충족을 최우선으로 하는 현실을 마주하고 있었을 것이다. 즉 심리학
자 매슬로우의 욕구 5단계 이론 중 1단계 생리적 욕구와 2단계 안전
욕구를 추구하게 된다.

민주주의의 정착은 정치 체제뿐 아니라 우리 삶을 다양화하는 데
일조했다. 사상의 자유는 필연적으로 문화를 융성하게 한다. 사회
분위기 또한 획일성과 통일성을 강조하는 시대에서 다름을 인정하
고 개개인의 가치가 더 중요함을 용인하는 시대로 서서히 변화했다.
우리 문화의 세계 진출이 그간 누적되어 최근 그 빛을 발하는 것이
아닌가 한다.

'여유로운 저녁'이 있는 삶을 향한 발걸음

국제금융기구(IMF)가 발표한 2022년 4월 세계경제전망(World
Economic Outlook)에 의하면 한국의 1인당 GDP(국내총생산)는
3만 4,994달러로 추정되었다. 경제 강대국 모임으로 손꼽히는 G7
중의 일원인 이탈리아의 1인당 GDP는 3만 4,777달러이니 어느새
이를 상회한 것이다. 동아시아에서 한국의 1인당 GDP를 상회하는

국가는 싱가포르, 홍콩, 일본 및 대만뿐이다. 도시국가로 꼽히는 싱가포르와 홍콩을 제외하면 동아시아에서도 3위에 해당한다. 우리나라는 어느새 경제 강대국의 문턱을 넘어서고 있다.

국민소득이 늘어나면서 일과 여가의 균형 잡힌 삶에 대한 중요도가 높아졌다. 2000년대와는 달리 2010년 전후로는 워라밸(Work and Life Balance)에 대한 욕구가 분출했다. 2020년대에 들어서는 사회적 리더십을 보여주는 계층에서도 '워라밸을 중시해야 한다'는 견해가 더 편하게 나타났다. 2022년 4월 이창용 한국은행 총재는 취임사를 통해 워라밸의 중요성을 언급했다. 10여 년 전만 해도 야근의 중요성을 강조한 중앙은행장을 기억하고 있기에 참으로 격세지감이었다.

통계청의 〈생활시간조사〉에 의하면 소득계층에 따라 상이한 여가 활동이 확인되었다. 즉 저소득자일수록 경제적 부담과 시간 부족을 이유로 여가 활동을 하기가 어렵다. 반면 고소득자일수록 여유 있게 여가 시간을 확보할 수 있으며, 경제적 부담도 크지 않다. 전 국민 소득 향상은 통계적으로 대다수 국민에게 고루 나타난 것으로 표출되었다. 그럼에도 개인의 소득은 상이하기에 차별적인 여가생활은 불가피하다.

국민소득 증가 및 국민 생활 수준의 향상이 고가의 경제적 행위에만 반영될 것이라는 해석은 단편적이다. 단순한 가격보다는 본인의 가치관과 취향을 기반으로 소비활동이 이루어진다. 이는 다변화된 재화 및 서비스를 능히 생산하고 유통할 수 있는 경제적·문화적 인프라 구축을 가속화한다.

고급 음식을 주로 제공하는 호텔에 대한 니즈가 폭발적으로 늘어나는 동시에 서울의 성수나 문래와 같이 과거엔 주목받지 못했던 곳에서 젊은이들의 수요도 동시에 집중된다. 그 지역만의 특별한 음식과 함께 해당 지역의 경험을 중시하는 현상 때문이다. 명품관의 유명 해외 수입 브랜드에 대한 수요 집중과 더불어 가격 수준에 구애받지 않는 소비자의 가치를 반영하는 제품 또한 공존하는 시대다. 오히려 대중적인 재화 및 서비스 수요는 예전 같지 않다. 명품을 향한 오픈런을 이해 못하던 세대가 오픈런하는 모습을 확인하게 되는 아이러니한 상황이 우리 일상으로 자리잡았다.

주거 문화에 대한 한국 기성세대의 경직된 시선

가속화된 일상의 질적 변화는 의복 및 식문화에서 주로 발현되는데, 유독 집이라는 주거 공간에 대해서는 여전히 경직된 사고가 존재한다. 토지의 유한함, 부동성 등을 십분 고려한다고 하더라도 여전히 사회적으로 '1가구 1주택'은 지켜야 할 룰로 여겨진다. 정부는 도시 집중화보다는 탈집중화와 지역 균형 발전을 추구하지만, 교외나 시골에 주말용 주택을 소유할 경우 2주택에 대한 징벌적 과세를 함으로써 빠르게 변화하는 주거 문화 현실을 외면하고 있다.

언제까지 주말의 여유로운 일상을 숙박업소나 민박, 펜션 등 타인의 공간을 대여해서 보내야만 하는지 의문이다. 요즘 젊은 친구들은 주중에는 도시에 있는 자신의 집에서 일상을 영위하고, 주말에는 세컨드 하우스에서 여가생활을 즐기기를 원한다. 마흔을 바라보는 필자 또한 이제 '숙소 예약 전쟁'에서 벗어나고 싶다. 경제적 여유는 그다음의 고려 사항이다. 나만의 공간에 대한 니즈는 엄연한 본능적인 욕구에 해당한다.

모빌리티의 시대가 도래하고 있다. 이동 현상만 중요한 것이 아니라 이동 이후 정주할 공간도 중요하다. 왜 의식주 중 '주'에 해당하는 주택 공간에 대해서만 경직적으로 보는지 진지하게 고민해야 할 때다. 단순히 지금껏 그래왔기 때문에 향후에도 그렇다는 당위성을 고집한다면, 4차 산업혁명 시대와 포스트 팬데믹의 변화하는 트렌드에 역행할 것이다.

집이라는 특수성 때문에 의복 및 음식과는 다른 특별한 대상으로 취급해야 한다는 관념은 일종의 편견일 수도 있다. 현재 국내의 주택 보급률은 103.6%다. 가구 수보다 주택 수가 더 많다. 그럼에도 주택에 대한 한국인의 관심은 상상을 초월하는 수준이다.

일단 집은 옷과 음식의 가격 단위와는 다른 금액이라는 데서 비롯된 편향된 시각이 있다. 유가증권 시장에서는 액면분할을 통해 거래 유동성을 제고할 수 있으나, 주택 등 부동산은 금액이 크기 때문에 유동적이지 않은 특징이 있다.

최근 서울 강남 및 서초구의 주요 공동주택은 평당 1억 원대에 안착하고 있다. 몸 하나 누일 공간이 1억 원인 시대에 진입한 것이다.

반면 지방 중소도시에는 1억 원을 하회하는 주택도 상당히 존재한다. KB부동산의 매매 평균가 기준으로 평균 주택 가격이 1억 원대에 해당하는 지역은 전남, 전북, 경북, 충북 등이다.

이러한 가격 격차 때문에 강남 지역의 주택 가격이 옳지 못하다고 볼 수 있을까? 특정 지방에도 가격대가 다른 주택 시장은 당연히 존재한다. 수도권도 지역마다 개별적이다. 부동산을 벗어나 생활 필수재인 옷과 음식에도 동일한 질문을 던져볼 수 있다. 기본 영양소를 제공하는 음식 가격은 대략 비슷해야 하는 것인가? 2만~3만 원대의 자장면을 파는 중식당은 소비자를 대상으로 폭리를 취하는 걸까? 고가 명품백의 가격은 품질은 좋지만 명품 브랜드가 아닌 제품과 유사해야 정당한 걸까? 의식주 중에서 집만 특별한 것은 결코 아니다. 가격 단위가 다르다고 다른 잣대를 적용하거나 옳고 그름의 도덕적 기준을 적용하는 순간, 그 자체가 편견일 수 있다.

포스트 팬데믹,
안식처로서의 집

팬데믹이 엔데믹으로 변화하더라도 보건 위생적 안전에 대한 트라우마는 쉽게 사라지지 않을 것이다. 따라서 '우리만의 집'이라는 공간의 가치는 더 뚜렷하게 증대할 것이다.

2020년 1월, 중국의 코로나19 확산이 한국에서도 막 시작되었을 때, 필자는 이탈리아 피렌체에서 가족 여행 중이었다. 가족 여행 중 유튜브의 현지 영상을 보며 긴가민가하면서도 공포감은 서서히 커져만 갔다. 당시 인상 깊었던 것은 우한 현지 시민들이 야간에 모여 서로 힘내자고 소리치는 장면이었다. 그땐 도시의 폐쇄 및 집에서의 격리 생활에 대한 감이 전혀 없었다.

그러다가 익월부터는 감염 확산 속도가 무척 가팔라졌고, 그 이후는 우리 모두 익히 아는 상황이 지속되었다. 필자는 2020년 3월에 재택근무라는 것을 처음 경험했다. 동료 직원과 퇴근길에서 "2주뒤에, 또는 한 달 뒤에 보자"라며 인사했던 장면은 여전히 생생하다. 그만큼 낯선 경험이었기 때문이다.

필자의 아들이 당시 다니던 어린이집은 휴원에 들어갔다. 아내와 최대한 겹치지 않도록 재택근무 일정을 짜야 했다. 재택근무를 하면서 동시에 육아도 해야 했기 때문이다. 사회생활 중 재택근무가 가능하리라고는 생각해보지도 않았기에 집에서의 근무는 색다르기 그지없었다. 그 와중에 아들 육아까지 병행해야 했는데, 이는 상상초월의 수준이었다.

급속히 다양화되는 집의 기능

집이라는 공간에서 하루 종일 지내게 되면서 점차 나에게 집은 단순히 휴식과 일상을 영위하는 장소가 아니었다. 집이 생존을 위한 업무 공간이 될 수도 있다는 새로운 사실을 서서히 깨닫게 되었다.

그 체감 속도는 더 빨랐다. 육아하면서 재택근무를 하더라도 업무의 생산성에서 최소한의 충족은 되어야 했다. 경영진의 요구일 뿐만 아니라 본인 스스로도 기존 사무실 출근 때와 유사하거나 그 이상의 생산성이 필요했기 때문이다.

전대미문의 감염병 때문에 가족과 함께하는 시간이 길어질수록 공간에 대한 현실적 욕구는 증대했다. 먼저 집은 안전했다. 가족의 외부 활동으로 인한 감염은 불가피했지만, 이는 나 홀로 살지 않는

한 수용할 수밖에 없는 조건이었다. 가족은 동거가 필수적이므로 함께 공간에 머문 시간이 연속적이라면 안전의 강도는 더 강화된다.

코로나 팬데믹 초기, 공동주택의 엘리베이터에 동승한 이웃 때문에 감염되었다는 소식을 접했다. 이웃의 안전이 곧 나와 우리 가족의 안전으로 이어질 수 있는 상황이었다. 주거 환경이 열악할수록 밀도는 높아지기 마련이며, 밀도가 높아질수록 안전할 가능성은 떨어졌다.

사회적 거리두기와 재택근무의 활성화로 집에 머무는 시간이 길어졌다. 우리 가족만이 아니라 이웃집도 마찬가지였다. 분리된 한 공간에 동시에 있는 것이다. 이동의 자유가 제약되는 상황과 보건위생적 안전의 위협이 높아졌기에 일상적인 민감도는 높아지기 마련이었다.

우리만의 공간에 대한 니즈

가족 구성원 간이나 이웃 간에 예민함이 폭발할 가능성이 높아졌기에 나와 우리 가족만의 공간이 더욱 필요했다. 특히 실내가 아닌 자연과 접한 공간에 대한 니즈다. 마당이나 테라스, 발코니에 대한 수요는 가히 폭발적이었다.

서울 및 서울 근교와 같이 밀집된 도시에서 이러한 공간적 여유를 누릴 수 있는 계층은 상당히 제한적이었다. 정부는 사회적 거리두기

강화를 통해 집 안에 머물기를 권고했지만, 많은 사람이 주말 전후에 교외로 나가고자 했다.

마침 아내의 친인척 중 한 분이 경기도 교외에 마당이 있는 집을 마련했다. 우리 가족처럼 자녀가 있는 가정이었다. 종종 초대해주었고 방문할 수 있었다. 그곳에서는 마음 편히 마스크를 벗고 숨을 쉴 수 있었다. 아이들은 마당에서 쉴 새 없이 뛰어놀았다. 예전 같으면 놀이공원, 쇼핑몰 및 키즈카페에서 했던 활동을 이제는 일정한 관계에 있는 사람들끼리 집이라는 공간에서 활동하며 시간을 보내게 되었다. 팬데믹 이후 변한 우리 삶의 모습이다.

팬데믹이 엔데믹으로 변화하더라도 보건 위생적 안전에 대한 트라우마는 쉽게 사라지지 않을 것이다. 따라서 '우리만의 집'이라는 공간의 가치는 더 뚜렷하게 증대할 것이다.

가족의 개념이
바뀌고 있다

기족이라도 나만의 독립된 생활 영역을 누리는 가족 분화가 이루어지고 있다. 1가구 1주택이라는 기존 공식에서 1인 1주택으로 변모하는 과도기다. 우리의 공간이 아닌 나만의 공간, 나만의 집이 중요해지는 시대다.

누구나 겪는 사춘기 시절, 친구라는 존재는 나에게 1순위였다. 내 마음을 이해해주고 공통 관심사를 같이 향유하는 건 가족보다 친구들이었다. 그럼에도 친구들과 현실적인 일상을 언제나 함께한다는 생각은 하지 않았다. 아마도 1순위인 친구보다 본능적으로 앞서는 0순위인 가족이 있었기 때문인 것 같다. 그래서 친구들과 밀레니엄 해맞이를 보겠다고 해운대의 수십만 명 인파 속에 있다가도 곧 집으로 돌아왔다.

집에는 언제나 가족이 있었다. 아무도 없는 집에 내가 먼저 들어가더라도 당연히 누군가는 곧 들어올 거라고 생각했다. 친구 집에

놀러갔을 때도 집에 아무도 안 계셔도 당연히 친구와 나만 있는 건 아니라고 여겼다. 누군가의 집에는 혼자가 아닌 가족이라는 공동체가 있을 것이라는 전제 때문이었다.

독립, 이혼, 졸혼 그리고 사별

20여 년 전, 서울 신촌에 있는 대학에 진학해 하숙집을 구했다. 졸업 후엔 서울 강남에 위치한 첫 직장에 들어갔고, 지인의 가족분이 거주하는 단독주택의 1층에서 자취했다. 대학 하숙집에서는 형 동생들이 잘 대해줬고, 첫 직장 자취 집은 주인분이 좋으셔서 감사했다. 하지만 거주 공간에서는 결국 나 혼자였다. 고향 부산 집에서 가족의 일원이었던 '나'와, 서울에서 혼자 지내게 된 나라는 존재는 동일하면서도 상이했다.

현재는 여의도 직장 생활 11년 차다. 아직 미혼인 후배 직원들 대다수는 혼자 살고 있다. 통계상 용어로는 '1인 가구'다. 가족과 함께 거주하면서 직장 다니는 사회 초년생이 줄고 있음을 체감한다. 경제적 능력을 갖춘 성인이 되면 자연스럽게 가족으로부터 독립하는 것이 이제는 사회적 특성으로 확대된 현상임을 보여주는 대목이다.

현대 사회에서 가족 개념은 빠르게 변화하고 있다. 같이 사는 구성원이 당연히 가족이겠지만, 이제는 가족이라도 나만의 독립된 생활 영역이 중요해진 사회로 변화했다. 이런 현상은 일반적 인식보다 빠르게 변화하고 있다. 젊은 세대만이 아니라 어르신 세대에서도 사별, 이혼 및 경제적 사유로 별개의 공간을 누리는 가족 분화가 이루어지고 있기 때문이다. 이른바 '졸혼' 문화의 확산이다.

Bye 4인 가구, Hi 1인 가구

통계청의 '장래 인구 주택 총조사'에 의하면, 2020년 국내 총인구는 약 5,183만 명을 기록했다. 2021년의 인구는 2020년 대비 -0.18%인 5,174만 명으로 추산된다. 듣기만 하던 인구 감소 시대의 초입이 확인되었다. 우리를 둘러싼 사람의 수가 감소하기 시작한 것이다.

동 보고서 기준, 전국 총가구 수는 2,092만 가구를 기록했다. 산술적으로 가구당 약 2.47명의 구성원이 배분된다. 과거 우리가 익히 접하던 4인 가구 시대는 이미 저물었다. 부부 1쌍당 0.5명의 자녀 또는 이른바 '딩크족' 부부가 대다수인 가족 형태로 변하고 있다.

이렇게 가족의 개념은 빠르게 변화했을 뿐 아니라 더욱 빠르게 변화하고 있다. 2020년 한 해에만 전국 가구 수는 58.3만 가구가 늘어났다. 동일 기간에 국내 인구는 7.1만 명 증가에 그쳤고, 익년에는 9.1만 명 감소했다. 인구와 가구 수의 반비례 현상이 심화되고 있다.

가구 수의 연간 증감률은 근래 들어 더욱 가속화되고 있다. 전년 대비 기준, 2016년의 1.34% 증감률은 2018년 1.55%, 2020년 2.87%

까지 상승폭이 확대되었다. 팬데믹 기간을 지나면서 동 현상은 더 심화된 것으로 보인다. 인구 감소 국면 진입과 가구 수의 폭발적 증가세가 교차하고 있다.

가구 수의 도시 집중 현상도 가속화되는 중이다. 2020년 기준, 서울 398.2만 가구, 경기 509.8만 가구, 6대 광역시 521.2만 가구와 기타 지역 663.3만 가구를 기록했다. 전국 대비 수도권의 인구 비중은 약 49%에 달한다. 동일 기준 가구 수 비중도 약 49%를 차지한다. 현재 추세로는 연간 서울 10만 가구, 경기 20만 가구 내외의 신규 가구 형성이 추정된다.

1인 가구 중심으로 1~2인 가구의 수도권 집중화는 기존 가족의 개념을 빠르게 변화시켰다. 1가구 1주택이라는 기존 공식에서 1인 1주택으로 변모하는 과도기다. 우리의 공간이 아닌 나만의 공간, 나만의 집이 중요해지는 시대다.

욕망과 탐욕을 부르는 저금리

'자기만족'이라는 가치관을 가지고 있는 2030세대에게 가치 있는 재화 및 서비스에 대한 욕구는 정교화된다. 과거 대비 저금리의 풍부한 유동성이 욕구를 넘어선 욕망을 자극하고 있는 세상이다.

코로나 팬데믹은 우리 일상을 혼란스럽게 만들었다. 끝없이 나락으로 떨어질 것만 같던 실물경제의 극심한 어려움을 기억한다. 서울 종각역, 이태원 등 인파로 가득했던 상권은 어느 순간 썰렁해졌다. 대신, 수많은 임대 광고가 붙었다. 과거의 영광과는 대조적인 팬데믹 당시의 현실이었다.

이제는 팬데믹에서 고대하던 엔데믹으로 가는 과정이지만, 현실은 팬데믹 이전과 같지만은 않다. 실물경제의 회복은 균질하지 못했고, 물가 상승세는 전 세계에 닥쳤다. 물가 상승 이전, 특정 제품의 공급 차질은 이미 팬데믹 중에 찾아왔다. 인플레이션은 그 뒤에 찾아온 것이다.

그럼에도 현재의 이례적인 물가 급등이 추세적으로 유지될 것이라는 인식은 미약하다. 채권시장은 이러한 인식을 고스란히 반영하고 있다. 일반적인 경제 및 금융시장이라면 만기가 긴 채권일수록 이자율은 높아지기 마련이다. 하지만 국고채 및 미 국채시장 등 주요국 채권시장의 국채 수익률 곡선은 초장기물 금리가 장기물 금리보다 낮은 성향이 이어지고 있다. 금융시장 참가자들은 당면한 인플레이션에 의한 부작용을 우려하는 것이지, 성장과 물가의 조화로운 경제 펀더멘털에 대한 기대감은 매우 제한적이기 때문이다. 말로만 듣고 책에서만 보던 경기 침체와 고물가가 상존하는 '스태그플레이션(stagflation)'에 대한 두려움이 점증하는 추세다.

저성장과 함께 성장한 MZ세대

고도성장기의 전쟁 직후 베이비부머 세대들은 은퇴를 맞이했거나 서서히 준비 중이다. 산업화의 완성과 민주화를 주도한 60~70년대생들은 여전히 왕성한 '경제의 주축 세대'다. 이들이 더 정점을 향해 가겠지만, 예전 같은 가속화된 모습은 보여주기 쉽지 않을 것이다. 2030세대인 MZ세대가 서서히 국내 경제의 주연으로 올라설 때가 임박했다.

그런데 MZ세대의 인식과 경험에는 치명적 제약 요인이 존재한다.

이들은 성장 시기 동안 호황기를 제대로 누려보지 못했다. 장기화된 경제 불황이 익숙해진 세대여서 낙관적 전망과는 거리가 멀다.

필자는 고등학생 때 수학여행을 가지 못했다. IMF 외환위기를 지나 입학했고, 학교는 다양한 가정사를 이유로 제주도 수학여행을 수련회로 대체했다. 자유로운 여행을 통한 견문 확대 대신 체육복을 입은 채 훈련을 받은 것이다. 나와 친구들의 사진 속 모습은 어둡기 그지없었다. 사진 속 기억만 뚜렷하다.

대학 시절, 진로를 제대로 잡지 못했기에 취업이 늦었다. 또래 남학생들은 2008년 전후에 취업을 준비했다. 당시 리먼발 글로벌 금융위기가 발생했다. IMF 금융위기 이후에도 지속된 '대졸 공채'라는 제도는 이를 계기로 급격하게 그 규모를 줄였고, 채용 제도의 변화도 가져왔다. 당시 일부 교수님은 명문대생이 취업 준비를 위해 각종 자격증을 준비하는 행태를 낯설어했다. 그 세대의 어른들이 취업했던 시절과는 달라도 너무 달랐던 것이다. 하지만 이제는 익숙한 장면이 되었다.

장래에 대한 낙관적 태도가 결핍되니 현실 만족도는 연속되기 어려웠다. 언제 어떻게 될지 모르는 불안감이 내재하기 때문이다. 이 불안 심리를 외부적으로 표출하고 해소하고자 최근의 '플렉스(FLEX) 문화'가 대중화될 수 있었다. 부모님과 선배 세대들의 인식으로는 이해하기 어려운 현상이 마치 물과 기름처럼 하나의 문화로 자리잡았다.

MZ세대의 가심비가 풍부한 유동성을 만날 때

저성장은 저물가와 공존하며, 이는 필연적으로 저금리로 이어진다. 금리 또는 이자율은 직접적으로 돈(화폐)의 가치로 환산된다. 어려운 경제학 원론의 통화정책을 생각하지 않아도 본능적으로 알 수 있다. 요즘 그 누가 예적금을 과거처럼 중시하는가? 그보다는 투자를 장려한다. 세제혜택을 부여하는 정부가 이를 앞장서고 있다.

예전과 같지 않은 돈이라는 화폐 가치를 체감하는 시대(물론 포스트 팬데믹에서 급등한 시장금리는 일반적이지 않다. 금리 레벨의 급격한 상향에도 불구하고 풀린 통화 및 유동성은 여전히 느리게 회수되고 있다는 점에 주목하자)다. 풍부한 유동성은 대중에게 돈에 대한 접근성을 높여준다. 시야만 돌리면 대출 광고를 접하는 세상이다. 주변인의 풍부한 소비여력은 일상적이다.

이는 풍부한 유동성을 바탕으로 수익을 안겨줄 수 있다는 생각을 갖게 해준다. '자기만족'이라는 2030세대의 가치관과도 직결된다. 소장 가치가 있는 동시에 밸류가 가격으로 환산되고 유동성이 일정 부분 보장되는 것이다. 가성비와 가심비를 중시하는 MZ세대에게 적격이다. 옷(의)과 미식(식), 주거 공간(주) 등 가치 있는 재화 및 서비스에 대한 욕구는 정교화된다. 과거 대비 저금리의 풍부한 유동성이 욕구를 넘어선 욕망을 자극하고 있는 세상이다.

결국 남는 건
공간이다

가족이나 지인이 모일 수 있는 공간, 획일화된 공간이 아닌 나와 우리만의 독특한 공간에 대한 희망은 발전하고 변화했다. 결국 남는 건 공간이다. 그 공간에서 우리의 삶이 더 안락해지길 바라는 시대다.

국내 최고의 완성차 업체인 현대 기아차의 주요 신차 출고 대기 시간은 차종별로 최소 3개월에서 최대 12개월 이상 걸린다고 한다. 이 대기 시간은 지난 2022년 3월보다 전반적으로 1~3개월씩 길어진 것으로 나타났다. 전기차 또는 하이브리드 차종은 보통 대기 시간이 더 긴 편이다.

대출 중단, 징벌적 과세 및 각종 규제 등 종합 대책으로 말미암아 2021년 말부터 2022년 3월까지는 주택시장 거래가 거의 실종되다시피 했다. 2022년 2월 서울의 아파트 매매 거래 건수는 809건으로, 이는 2021년 월평균 거래 건수인 3,499건 대비 약 23%에 불과한 수준이다. 갈아타기 수요는 자가 주택의 매도가 이뤄지지 않고, 신규 수요는 대출이 나오지 않을 뿐 아니라 정부의 강력한 언사 등으로 관망할 수밖에 없었다. 그럼에도 불구하고 서울 및 수도권의 신규 주택 분양은 여전히 100대 1 이상의 높은 청약 경쟁률을 보이고 있다.

"남는 건 사진"이라는 말의 속뜻

인스타그램, 페이스북 및 블로그 등 각종 SNS에는 개개인의 다양한 삶과 생각이 나타난다. 물론 정치·경제 등 시사적 사고에 대한 게시글도 있지만, 게시글의 대부분은 무엇을 입었고, 무엇을 먹었으며, 어디로 여행을 갔는지에 대한 원초적인 니즈의 글이 주를 이룬다. 우리의 일상이 항상 진지한 사고로만 이루어지지 않는다는 점을 잘 보여준다.

그중에서도 핵심은 위치, 장소와 같은 공간에 있다. 공간을 지정하는 태그를 입력할 수 있도록 만든 것은 그 장소에서 우리의 의식주와 같은 기본적 삶이 영위되고 있음을 나타낸다.

"결국 남는 건 사진이더라"라는 말을 종종 하곤 한다. 일반적으로는 사진, 최근엔 영상으로 변화하고 있는데 시각적으로 남길 수 있는 것을 통해 기억을 복기하기 쉽다. 대개 '여기 갔었고, 거기서 뭘 먹고 어떤 걸 했었는지'에 대한 기억부터 하기 마련이다. 특정 공간에서 이루어진 일련의 행위에 대한 사고다. 이를 다시 적용하면, 결국 남는 건 공간이라고 할 수 있다. 공간이 없으면 누구와 함께 무엇을 했건 이를 기록으로 남기는 것이 거의 불가능하기 때문이다.

개개인은 대개 가족 구성원에서 시작한다. 식구는 한 공간에서 일상생활을 같이 하는 구성원의 집합체를 뜻한다. 그 공간은 보통 집이다. 가족의 개념은 점차 빠르게 변화하고 있다. 대가족에서 핵가족으로, 이제는 1~2인 가구로 변해가며 대세를 이루고 있다. 빠른 시일 안에 1인 가구가 주된 형태로 전환될 것이다. 1가구 1주택은 곧 1인 1주택(공간) 시대로 바뀔 것이다.

공간도 이제 다다익선

후진국에서 개발도상국으로 전환할 때처럼 나 홀로 상경해서 일자리를 구하고 '내 몸 하나 누울 공간이 있으면 된다'고 생각하던 시절은 호랑이 담배 피던 시절로 볼 수 있다. 현재 대한민국의 현실은 너무나 달라졌다. 내 집 꾸미기 열풍이 괜히 2030세대부터 시작된 것이 아니다. 나만의 공간이 일반적 주거 형태보다 좁고 열악하더라도 나의 만족을 위해 투자하고 노력할 수 있는 대상이기 때문이다.

코로나 팬데믹은 이러한 변화를 가속화시켰다. 나만의, 우리 가족만의 공간이 중요해졌다. 공적인 영역과 공공장소에서 여가 활동을 하는 것은 과거보다 리스크가 커졌음을 체득했다. 사적인 공간에서 나와 우리 가족이 신뢰할 수 있는 사람들과의 일상 공유, 소수의 지인들과의 깊은 네트워크가 중요해지고 있다.

그러다보니 안락하고 여유를 느낄 수 있는 공간이 중요해졌다. 이는 거주하는 집에서 한층 발전되어 주말에는 교외에서 다른 일상을 누릴 수 있는 제2의 집, 이른바 '세컨드 하우스'에 대한 욕구로 이어진다. 과분한 것이 아닌가 반문할 수 있겠지만, 이러한 인식은 낯선 게 아니다.

1980~1990년대 붐이 일었던 교외의 콘도를 생각해보면 된다. 도시를 벗어난 교외의 쾌적한 공간에 대한 니즈는 당시에도 있었다. 그렇다고 당시의 콘도 여가 문화를 지금 적용할 수 있을까? 여름 휴가철에 동해안의 콘도에 간 기억이 누구나 한 번쯤 있을 것이다. 한겨울 스키장에 간 기억 또한 마찬가지다. 여전히 설레는 여행의 한 장면이겠지만, 당시의 시설을 기반으로 한 여가 활동을 현재 적용하기는 어렵다. 다수의 사람이 모이는 공간에 대한 선호도가 떨어졌기 때문이다.

팬데믹으로 인해 사람들은 안전하고 폐쇄적이며 한정적인 장소를 희망하게 되었다. 북적북적하기보다는 조용하고 한가로운 공간을 찾는 이가 많아졌다. 소수의 가족 및 지인이 모일 수 있는 공간, 획일화된 공간이 아닌 나와 우리만의 독특한 공간에 대한 희망은 발전하고 변화했다. 결국 남는 건 공간이다. 그 공간에서 우리의 삶이 더 안락해지길 바라는 시대다.

4차 산업혁명이라는 거대 담론의 변화 속에 마주한 팬데믹이었다. 한순간의 유행에 그칠 것으로 생각했던 코로나19는 결국 시간이 해결해주고 있다. 지금은 엔데믹을 맞이하고 있다. 변화하는 세상의 가파른 흐름을 쫓아가기 바쁜 가운데에서도 이를 주도하는 주인공은 MZ세대다. 항상 새로운 세대는 그 시대의 이슈 메이커였다. 그런데 최근의 흐름은 질적으로 다르다. 정치·경제·사회·문화적으로 역량 있고 솔직하며 개방적인 MZ세대가 경제적 주체로 올라서고 있기 때문이다. 기성세대와 누적된 자산을 가진 자에게만 허용되었던, 그래서 공고하기만 한 부동산 시장에서도 MZ세대는 거침없이 부상 중이다. 원하고 희망하는 것을 누리고자 하는 자유의지는 MZ세대의 시대를 한층 빠르게 견인하는 원동력이다. 가치의 시대에서 이들이 가치를 주도하게 될 것이다.

2장

MZ세대의 부동산 입성을
환영합니다

XY에서 MZ로
주도권이 넘어간다

정치·경제·사회·문화적으로 MZ세대를 자주 언급한다. 부모 세대와는 다른 생활 수준의 눈높이를 가진 MZ세대의 속성을 이해해야 할 때다. 이들이 사회의 주축 세대로 올라설 시기가 얼마 남지 않았다.

영문자를 통한 세대 구분 중 'X세대'라는 단어는 여러모로 영향력이 컸다. '서태지와 아이들', '듀스' 등이 가요계 최전선으로 나왔던 시기다. 드라마도 참 많이 봤던 때였다. 그 당시 대중문화에서 본인 주장을 당당히 펼치던 가수와 주조연 배우들이 X세대의 대표 주자로 자리매김했다. 그 이후 1990년대 후반의 젊은 세대들을 Y세대라고 했다. 남다르게 멋있고 예쁜 사람들이 XY세대의 대표 주자인 것처럼 인식되었지만, 형 누나 세대에선 이미 그들이 XY세대였다. 이들은 자유로이 문화생활을 하면서 경제활동의 주체로 자리잡기 시작했다.

정치·경제·사회·문화적으로 MZ세대를 자주 언급한다. MZ세대가 우리 사회의 주축으로 떠오르기 시작한 것을 직간접적으로 느끼고 있다. 동 세대는 XY세대보다 젊다. 일반적으로 1980년생에서 2005년생을 통칭한다고 정의한다. 이 기준에 의하면 필자도 MZ세대에 속한다. 나에게는 다행스럽기 그지없지만, 대다수 MZ세대는 같은 세대로 분류되는 것이 불편할 것이다. 재분류가 필요한 지점이다.

MZ세대는 기존 세대와 어떻게 다른가

MZ세대 중 M세대는 이른바 '밀레니얼 세대'로 정의된다. 1980년에서 1990년대 초반생으로 구분된다. 현재 만 나이 30~40대 초반 정도가 된다. 연령대가 넓다. 사회에 갓 진출한 사원급과 과차장급인 40대 초반이 동일한 세대로 구분된다면 분명 이의가 존재하니, 대략 이처럼 분류되는 것으로만 이해하자. Z세대는 1990년 초중반부터 2000년 중후반에 출생한 세대를 일컫는다. 만 나이 10대 중후반부터 20대 중후반 정도가 되겠다. 중고등 및 대학생 그리고 사회 진출 초년생을 말한다.

MZ세대는 그 이전의 베이비부머 및 XY세대보다는 물질적 풍요로움을 배경으로 삼는다. 디지털 기기 문화에 익숙한 편이며, 새로운 여가생활 및 소비문화를 즐기는 데 거리낌이 없다. 이에 뒤처지는 것에 대한 두려움도 있다. 신기기가 출시되면 한시라도 빨리 이를 체험해보고자 한다. 애플사의 아이폰이 출시되어 새로운 버전이 판매될 때마다 밤새 줄 서 있었던 대다수의 연령층은 바로 MZ세대였다.

기존 세대와는 상이한 새로운 면모가 있는데, 그 이면에는 공통적인 상처가 있다. 10여 년 단위로 찾아온 경제 금융위기 때문이다. 밀레니얼 세대는 10대 전후로 IMF 외환위기를 몸소 체험했다. Z세대는 학창 시절 글로벌 금융위기를 거치면서 그 이전과는 다른 뉴노멀(New Normal)이 다가오는 것을 목도한 바 있다. 이러한 위기는 이들이 경제 주체로 성장하기 이전에 일어난 개개인의 일이 아니라 가족 구성원 모두가 공유하는 일이었다.

다문화에 개방적이면서 이를 디지털문화로 승화시키는 동시에 안정성과 실용성에 기반한 현재지향적인 성향도 분명 공존한다. 결국 현재 삶의 만족도 제고를 위해서 일상적인 경제 문화적 행위를 뛰어넘는 변동성을 야기한다. 이른바 과시적 소비 문화 행태가 표출되기 쉽다. 이는 사회적인 현상으로 전이되고 있다.

가고자 하는 길, 동경에 대한 욕구

최근 유튜브와 OTT에서 유명세를 치른 한 여성 인플루언서를 둘러싼 사회적 이슈가 있었다. 일반인이었음에도 불구하고 일거수일

투족이 주목받았고, 공중파에 진출하기도 할 정도로 대단한 인기를 얻었다. 하지만 그녀에 대한 다양한 의구심이 하나둘 진실로 드러나면서 결국 공식적인 사과를 하고 퇴장했다. 이러한 일련의 사태는 쓸쓸하기 그지없었다.

이와 같은 일은 그전에도 종종 있었는데, 왜 Z세대를 중심으로 한 2030세대는 이 사태에 열광했을까? 그 인플루언서의 일상 자체가 그들이 동경하는 모습에 가까웠기 때문이다. 그녀는 의식주를 넘어여가 문화생활마저도 보통의 기준을 훌쩍 상회했었다. 동경 의식이 투영되었던 것이다.

이제 4차 산업혁명 시대의 한복판에 있는 팬데믹 이후 우리의 생활 환경은 극적으로 변화 중이다. 혼란의 시기에는 영웅이 나타나기 마련이다. 자본주의에서는 부를 거머쥔 새로운 계층이 빠르게 부상하고 있다. 그리고 그들을 뒤따르는 세대도 상당하다. 부모 세대와는 다른 생활 수준의 눈높이를 가진 MZ세대의 속성을 이해해야 할 때다.

MZ세대가 사회의 주축 세대로 올라설 시기가 얼마 남지 않았다. 변화는 점점 더 빠르게 다가올 것이다. 이미 의복 문화와 식문화에서는 빠르게 변화하고 있는 데 반해 주거생활 문화의 변화는 더디다. 더디다는 것은 그만큼 이 분야의 변화의 폭이 크다는 것을 보여준다. 이러한 변화는 2030세대를 주축으로 한 MZ세대가 견인할 것이다.

라이징 스타,
MZ세대

그렇다면 주거 문화의 관점은 어떨까? MZ세대가 바라보는 주거 공간은 단순히 지붕, 기둥, 벽과 바닥으로 구성된 집이 아니다. 주거 공간에 대한 고민이 깊어지게 만드는 대목이다.

팬데믹이 길어질수록 백화점 및 쇼핑몰에서의 오픈런 또한 대중화되었다. '오픈런 갓바타', '오픈런포유' 등 오픈런 대행업체도 생겼다. 이제는 오픈런도 셀프 오픈런과 대행 오픈런으로 구분되는 시대다. 혹시 오픈런을 철없는 세대의 철부지 행동으로 이해한다면, 이른바 '라떼 세대'임을 스스로 인증하는 것이다. 팬데믹 이전 대비 약 2배가 된 LVMH의 시가총액 상승 또한 철없이 주가가 오른 테마주로 생각하는 것과 다를 바 없다.

국민소득이 늘어날수록 소비 수준도 점차 올라가기 마련이다. 1980~1990년대 명품 브랜드의 공식적 도입기에는 여유 있는 부를 가진 소수 계층만 명품 브랜드를 소비하곤 했다. 정말 특별한 이벤트가 없다면, 명품은 일부 계층에만 한정된 사치품에 가까웠다. 그랬던 명품은 2000년대 전후부터 폭발적인 성장세를 거치면서 대중 속으로 빠르게 확산했다. 물론 당시에도 허영심의 대상인 동시에 과소비를 유발한다는 악평도 공존했다.

원하는 것을 더 쉽게 얻고자 함

하지만 지금은 어떠한가? 누구나 하나쯤은 명품을 가질 수 있는 세상으로 변했다. 그렇지 않고서는 오픈런 대행업체가 생길 리가 만무하다. 돈이 몰리는 곳에는 수익을 위한 인간의 역량이 집중되고, 잘나가는 산업이 되기 때문이다.

명품을 언급하면 그건 패션에 관심 있는 사람에게만 한정된 것으로 이해하는 이들도 있다. 그에 대한 반론은 자동차의 경우로 제시할 수 있다. 패션에는 큰 관심이 없더라도 좋은 차에 대한 니즈는 오래전부터 존재했기 때문이다. 비단 고가의 국내차에 제한된 것이 아니다. 지금은 수입차 전성시대다. 가성비 있는 수입차가 아닌, 고가의 수입차부터 슈퍼카까지 그 대상은 아주 폭넓다. 그렇기에 한국은 수입차 제조사에 '테스트 베드(test bed)'로 입지를 굳힌 지 오래다.

이를 고가의 재화에 한정된 예외적인 사례라고 할 것인가? 지난 2022년 1월 한 광역시의 백화점 오픈런 사례를 보면 이러한 현상은 가격과는 무관하다는 것을 알 수 있다. 대중적인 스포츠웨어 브랜드의 골프화를 구입하려는 수많은 인파의 오픈런 경쟁은 무엇을 뜻하는가? 가격도 중요하고 취향도 중요하나, 결국 경제 주체가 중요시하는 재화와 서비스는 어떤 일이 있더라도 직접 체험하고 남들에게 뒤지지 않겠다는 의지가 반영된 것이다.

원하는 것을 가지되 손실은 피하는 방법

이와 같은 변화를 과연 누가 주도했을까? 경제력을 갖춘 기성 세대라고 생각하면 오산이다. 한 백화점에서는 명품의 매출액 기준 50% 이상이 2030세대에서 발생하는 것을 확인하고는 2030 VIP 전용 라운지를 구성했다. 타 백화점에서는 소수의 젊은 고객을 대상으로 리무진 서비스를 제공하고 호텔 룸에 쇼핑 공간을 마련하기도 했다. 이제는 그들의 빠른 매장 출입을 위한 '패스트 트랙(Fast track)'도 도입되었다. 수입차에서도 연간 30만 대 판매 시대가 열렸는데, MZ세대의 구입 비중은 약 40%에 달한다. 이처럼 MZ세대는 주력 산업에서 주된 매출 발생을 견인하는 계층으로 자리잡았다.

기존 세대와 달리 2030세대가 왕성한 소비를 통해 경제 주축으로 올라선 데는 여러 이유가 있다. 잘 알려진 '베블런 효과(veblen effect)'는 고가인 제품일수록 잘 팔리는 현상을 가리킨다. 또한 저성장 시대에 주로 발생하는 '스몰 럭셔리'는 실현 가능한 재화 또는 서비스를 통해 개별 경제 주체가 자신이 동경하는 계층과의 연결성을 느끼는 것이다.

이러한 현상의 핵심 요인은 경제력을 지출하는 소비 효과와 더불어 고가 제품을 가치 저장 수단이 되는 투자 대상으로 바라보기 시작했다는 사실이다. 소비하면서 느끼는 효용과 함께, 향후 자신에게 효용이 떨어지더라도 타인에게 언제든지 환매할 수 있다는 심리적 안정성과 이성적 사고가 결합된 결과다. 샤테크(샤넬 재테크)와 롤테크(롤렉스 재테크)는 의복 관점에서, 미슐랭 레스토랑 또는 호텔 다이닝은 식문화의 관점에서 유효하다. 클래식한 제품을 소유하는 동시에 색다른 식사 경험에 대한 가치를 높게 평가한 태도다.

그렇다면 주거 문화의 관점은 어떨까? MZ세대가 바라보는 주거 공간은 단순히 지붕, 기둥, 벽과 바닥으로 구성된 집이 아니다. 주거 공간에 대한 고민이 깊어지게 만드는 대목이다.

필자가 근무하는 여의도에는 20여 개 이상의 스타벅스 매장이 운영 중이다. 여의도가 서울의 3대 도심 중 한 곳이기 때문에 수많은 스타벅스 매장이 있는 것일까? 매출만으로 설명되지 않는다는 것은 이제 일반인도 인지한다. 스타벅스는 공간을 파는 곳이기 때문이다. 일상에서 느끼는 주거 공간에 대한 부족감이 일상의 휴식처로 다가오는 스타벅스에 대한 의존으로 이어졌다.

이처럼 공간에 대한 니즈는 주거의 관점이 핵심이다. 비싼 주거 공간에 대한 고민은 고심으로 이어지고 해결할 방법을 찾게 된다. 그것이 곧 가치에 대한 가격 평가로 연결된다.

빠르게 확산되는
의식주의 에르메스화

집은 단순한 주거 공간에서 벗어나고 있다. 자기만족, 편의성, 투자성 및 사회적 계층 등을 복합적으로 반영하는 가치 중심의 부동산 시대로 바뀌고 있으며, 이를 MZ세대가 주도하고 있다.

에르메스(HERMES) 재화는 명품 중의 명품이다. 인기 핸드백의 경우에는 지불 능력과는 무관하게 사고 싶어도 사지 못하는 상품이다. 이런 현상은 팬데믹 이전에도 마찬가지였다. 이른바 에루샤(에르메스, 루이뷔통, 샤넬) 중에서도 에르메스는 독보적인 브랜드 파워와 제품 품질을 자랑하기 때문에 얻은 유무형의 자산 위력이다.

에르메스의 버킨백은 팬데믹 초기인 2020년에 약 1만 3천 달러 내외의 판매가로 책정되었다. 이는 최근 35년간 500% 이상의 가격 상승률을 시현한 것이다. 2030년 전후까지 약 3만 달러의 판매가로 상향할 가능성이 높은 것으로 예상한다.

대중에게 잘 알려진 명품 중의 명품 핸드백의 정가 상승세는 계속 되는데, 그 인기는 더 폭발적으로 높아지고 있다. 명품 리셀러 시장에서 에르메스의 핸드백은 역시나 구하기가 어려울 뿐만 아니라 가격 또한 정품 가격 대비 상당한 프리미엄이 가산된다. "필요하다면 일찍 사는 게 낫다"는 말에 반론을 제기하기란 어렵다.

안정적인 동시에 높은 수익률을 자랑하는 핸드백 자산

이미 핸드백은 공식적인 자산 클래스로 인정되고 있다. 팬데믹 직전에 발표된 나이트 프랭크(Knight Frank)사의 보고서에 의하면 사치재 지수 중 핸드백은 13%의 수익률을 기록하며 압도적인 수익률 1위를 기록했다. 2위는 1위 대비 절반 이하의 수익률인 6%를 기록한 우표다. 우표는 시장경제의 기본 원리인 수요와 공급의 원칙이 적용되지 않는 사치재 중의 사치재인 것이다.

이처럼 명품의 가격이 상승하고 있음에도 그 수요는 적절히 제어되지 않고 있다. 오히려 가격 상승폭 이상의 수요가 유입되고 있다. 백화점 및 명품사의 매출 확대는 이러한 추세를 온전히 반영한다. 여기에 가격의 옳고 그름의 잣대를 대입한다면, 빠르게 변화하는 산업 트렌드의 대척점에 서는 결과를 가져올 것이다.

소장 가치가 있는 한정판 상품과 브랜드 고유의 정체성이 잘 반영된 대표적 디자인 명품은 그 인기가 안정적으로 유지되고 있다. 가격 또한 꾸준히 오르고 있다. 2030세대는 자기만족을 가장 중시한다. 물론 현실적인 가성비도 중요하다. 이러한 성향의 교차점에서 명품을 활용한 트레이딩, 이른바 샤테크·롤테크와 같은 명품 리셀러 시장이 활성화되고 있다.

이들은 할인율을 적용받은 백화점 상품권으로 명품 재화 금액을 지불해 원가를 낮춘다. 소유하고 나면 자기만족도도 증대된다. 소장 가치에 대한 인식 변화에 따라서 장기 보유 또는 매도 가능 상품으로 판단하고, 추가 구매도 한다. 매도 가능 상품이 되면 언제든지 리셀러 마켓에서 매도하고 환금한다. 손실 가능성은 최소화하는 동시에 특정 제품의 경우에는 소유한 이후에 매도할 시 수익이 발생하기도 한다.

복합적인 가치를 반영하는 부동산의 시대

그 대상은 주로 의복 문화에서 이루어지고 있다. 가장 일상적이면서도 비용 지출(Expense)을 넘어서 자본적 지출(CAPEX, Capital Expenditure)이 가능하기 때문이다. 식문화에서는 경험을 공유할 수는 있으나, 그 경험을 되팔기가 어렵다. 자기만족이 더 중요해질 수 있는 부분이다. 그럼에도 폭발적 인기를 누리는 식당의 예약권은 성수기엔 프리미엄이 형성되기도 한다.

그렇다면 집이라는 주거 문화는 어떨까? 이미 부동산 마켓에서는 가격이 형성되고 직거래 또는 중개거래가 이루어졌다. 과거와는 달리 새로운 세대의 차별화된 문화와 투자 관념이 복합적으로 작용하는 상황이 펼쳐질 것이다. 이미 주요 글로벌 도시에서는 확인되고 있다.

의복 및 음식과 비교할 때 부동산 중 주택 공급 탄력성은 상당히 떨어진다. 의복 분야에서도 독보적 위치를 자랑하는 에르메스의 버킨백, 켈리백의 수급 상황과 유사하다. 돈이 있어도 원하는 물건을 사기 힘들 수 있다. 반면 이러한 특성에서 벗어난 주택 등의 부동산은 시장의 관심에서 외면되기 쉽다.

집은 단순한 주거 공간에서 벗어나고 있다. 자기만족, 편의성, 투자성 및 사회적 계층 등을 복합적으로 반영하는 가치 중심의 부동산 시대로 바뀌고 있으며, 이를 MZ세대가 주도하고 있다.

에피소드

2017~2018년의 직장 후배들은 서울에 자가를 소유한 선배 또는 동료에 대해 궁금한 점이 있었다. 하우스푸어에 시달리던 수도권 주택시장이 본격적으로 반등했기 때문이다. 생각나는 일화가 있다. 한 후배가 동료 직원에게 어떻게 집을 살 수 있는지 물었다. 서울 주택은 당연히 고가인 것을 알고 있기에 직장에서 편히 얘기할 주제는 아니었다. 동료 직원은 우스갯소리로 연봉 대비 1.5배 내외의 신용 대출로 집을 살 수 있다고 대답해주었다. 어느 지역이냐는 질문에 대해서는 동해안 해변가 구축이라고 얘기했다. 후배 직원은 거길 왜 사냐고 반문했고 대화는 끝났다. 지금은 그 후배 직원들이 서울이 아닌 그런 지역에라도 주택을 갖기를 희망하는 시대가 되었다.

돈에 대한 솔직한 태도

MZ세대는 원하는 것에 솔직하다. 스스로 원하고 만족하는 삶을 사는 것을 목표로 한다. 이들이 이제 의복과 음식을 넘어 부동산을 향해 달려가고 있다. MZ세대의 이런 움직임에 부동산 시장은 더 확산될 수밖에 없다.

어린이의 합성 신조어는 급속히 확산되었다. '주린이(주식+어린이)', '부린이(부동산+어린이)' 및 '코린이(코인+어린이)' 등 자산과 결부된 '린이' 시리즈는 투자의 일상화로 부 창출에 열광하는 세태를 잘 반영한다. 반면 근로소득에는 다른 단어를 적용한다. 초등학생과 중학생을 뜻하는 '초딩', '중딩'처럼 직장인을 '직딩'이라고도 한다. 여기에는 직장 생활을 의무적으로 해야 하는 대상이라는 생각이 반영되었다.

언어는 그 사회문화의 의식이 표출된 것이라고 했다. 직딩으로 생활하면서도 주린이, 부린이로서 활동하고 이를 직딩 탈출의 계기로 삼거나 근로 활동을 여가생활 수준으로 대체하고자 하는 시대의 변화가 나타나고 있다.

근로소득을 넘어서

과거에도 주식 투자, 부동산 투자 등 근로소득 외의 투자를 겸하는 인구는 상당했었다. 그런데 왜 지금 이 시기에 자산시장 참가자의 대중화를 일컫는 단어가 생겨났을까? 자본주의 시장경제가 성숙하면서 근로소득만으로는 개별 주체가 원하는 삶을 제대로 영위하기 어렵다는 판단이 빠르게 확산되었기 때문이다.

과거 세대와는 달리 본인이 원하는 것에 매우 솔직하고 개방적인 현세대의 특성도 두드러졌다. 경제 주체에게 필수적인 돈에 대한 태도가 과거 그 어느 세대보다 솔직해진 데서도 비롯된다. 생활을 영위하기 위한 돈의 가치뿐 아니라 남들보다 더 편하고 자유로운 삶을 살기 위해 돈이 필요하다는 것을 잘 인지하고 있기 때문이다.

입고 싶고 가지고 싶은 것에 대한 니즈는 해외 문물을 자주 접하면서 다양화되었다. 해외 현지 구입 외에도 해외 직구나 수입품 구입 등 다변화된 경로를 통해 이를 소비하게 된 시대다. 먹고 싶은 것은 한 달이라는 시간을 기다려서라도 먹고, 20만~30만 원대의 오마카세 또는 호텔 레스토랑 식사도 특별한 나를 위해서 소비한다. 현재의 2030세대는 가족 문화 속에서 이런 문화를 직간접적으로 체험했기에 더욱 자유롭게 희망하고 소비한다.

하지만 주거 공간은 어떠한가? 일단 금액 단위가 상당히 비싸다. 일반적인 급여나 소득 단위로는 한 개의 주거 공간을 임차 이외의 소유로 마련하는 것이 쉽지 않다. 의식주 중 '의'와 '식' 부분에서는 급여 및 소득의 일부분으로 충당할 수 있는 재화 및 서비스가 대부분인 것과 매우 상이한 대목이다.

주거 공간은 인간의 기본적 욕구인 의식주라는 관점에서 생활 필수재의 성향도 띠기 때문에 수요는 일정하게 유지된다. 반면 공급 측면에서는 즉각적이거나 신속한 대응을 하더라도 긴 시간이 소요된다. 수요와 공급이 적재적소에 매칭되는 성향이 약하다 보니 주거 공간이라는 부동산의 금액은 일반적으로 비싸게 느껴질 수밖에 없다. 이는 특히 소득 기간이 짧고 상대적으로 저연봉에 해당하는 젊은 세대에게는 가혹한 현실로 다가온다.

2030세대의 고민과 희망이 응축된 부동산

유명 연예인들의 관찰 예능 프로그램은 이제 스테디셀러에 가깝다. 동경하는 대상을 통해 일반인들은 간접 체험을 할 수 있기 때문이다. 먹고 자는 건 일반인과 어느 정도 유사하기도 하고, 유명인이기에 일반인의 삶과 다른 부분에 대해서는 일정 부분 긍정하는 경향을 보인다. 다만 주거 공간은 대부분 일반적이지 않은 편이다. 일반인이 동경하는 공간에 거주하는 유명 연예인과 스포츠 스타의 주거 공간은 부러움의 대상이다. 보편적인 주거 공간에 대한 니즈 실현도 쉽지 않은 일반인들에게 이를 넘어서는 삶에 대한 동경이 투영된 것이다.

의복은 일부 재화를 제외하고는 교환 가치가 극히 제한적 수준에 머문다. 예를 들어 내가 입던 옷을 재구매해줄 수 있는 사람을 찾는 것은 보통 어려운 일이 아니다. 음식 또한 소비자로 구입한 이후의 재판매는 더더욱 어렵다. 유통기한 등의 이유로 제한된 기간 내에 소비되어야 할 뿐 아니라 건강 위생과 직결되기에 식재료 등의 음식료는 행정적 처분의 대상이 된다.

반면 주거 공간 등 부동산은 어떠한가? 환금성은 상당히 떨어지더라도 교환 가치로서의 자산 입지는 과거부터 현재까지 이어져왔고, 미래에도 그럴 것이다. 토지로 대표되는 부동산은 부증성의 성격을 지니는 동시에 유한한 재화에 해당하기 때문이다. 부동산은 이른바 '리미티드 에디션'이다.

최근 MZ세대는 희소성이 있고 나의 가치를 잘 나타내는 재화 및 서비스에 열광한다. 여기에 가치 저장 및 교환 가치까지 있다면, 재테크의 영역에 포함된다. 부동산은 이 모든 것을 만족시킨다. 공간에 대한 니즈는 욕구와 연결되고, 시장경제에 빠르게 최적화되고 있는 세대는 이를 통해 욕망을 충족하는 동시에 타인의 욕망을 자극할 줄 안다.

MZ세대는 그 어느 세대보다 자기 발전에 최선을 다한다. 역량을 갖춘 세대다. 또한 원하는 것에 솔직하다. 스스로 원하고 만족하는 삶을 사는 것을 목표로 한다. 이들이 이제 의복과 음식을 넘어 부동산을 향해 달려가고 있다. MZ세대의 이런 움직임에 부동산 시장은 더 확산될 수밖에 없다.

세대 갈등 No, 세대 변화 Yes

세대의 변화는 단지 부동산만의 현상이 아니다. 증시도 마찬가지다. 증권사의 각종 마케팅이 올드리치를 향하는지 아니면 영리치를 주대상으로 하는지 생각해보면 답은 명확하다. 이는 곧 머니 파워의 이동을 뜻한다.

 사회에서 일반적인 생활 수준을 영위하는 사람들보다 부유하고 여유로운 자들을 부자라고 한다. 일반적인 부자 이미지는 보통 젊은 이보다는 나이가 지긋한 어른 또는 노인의 이미지다. 경제생활을 하는 시간이 길어질수록 소득이 누적되고, 이를 통한 부의 재창출을 통해 자산을 일구며 건실한 사업체로 변화하고 발전시키는 것이 일반적인 패턴이기 때문이다.

 최근 '영리치(Young Rich)'라는 단어가 부쩍 빈번하게 사용되는데, 젊은 부자를 말한다. 기존 사회가 성숙화하면서 선대 부자로부터 증여 또는 상속받아 자산과 사업체를 물려받는 경우도 늘고 있다. 그럼에도 영리치라는 단어는 자수성가한 부자에게 더 적합하다. 급변하는 경제 사회의 변화 속에서 기회를 포착해 부를 창출해낸 사례가 빠르게 늘고 있기 때문이다.

영리치(Young Rich) vs. 올드리치(Old Rich)

하나은행에서 발간한 2022년 〈코리안 웰스 리포트(Korean Wealth Report)〉는 영리치의 특성을 상세하게 분석했다. 특히 올드리치와의 비교 분석을 통해 기존 부자와 달라지고 있는 새로운 부자들의 투자 패턴이 확인된 것이 특징적이었다.

영리치의 대표적인 특징을 요약하면, 1) 부동산 투자를 통한 수익률 향상 경험을 기반으로 한 향후 부동산 투자 의지 지속, 2) 외화 자산에 대한 비중은 기존 부자와 유사하나, 차별점으로 해외 부동산 보유자 비율 상승, 3) 기존 부자 대비 주식 투자를 선호하며, 해외 비중 확대 의향 존재, 4) 레버리지를 활용한 투자는 비거주 부동산 및 금융 자산 투자가 목적, 5) 가족을 우선하는 경향 확대에 의한 가족 여행 및 부모 세대 자산관리 시작 등을 꼽을 수 있다. 영리치는 올드리치와는 달리 가상환경에 익숙하기에 디지털 자산 투자 의향이 빠르게 상향되고 있으며, 예술품 및 중고 물품 등 새로운 투자처에 대한 호기심이 발현되기 시작했다.

우리는 "저 사람은 돈 냄새를 잘 맡고 수완이 좋아서 부자가 되었어"라는 말을 하곤 한다. 돈 냄새를 잘 맡는 세대가 이제 어르신으로 대표되는 기존 세대에서 2030세대와 같은 MZ세대로 빠르게 바뀌고 있다. 시대가 변하고, 그 속에서 흥하는 산업은 기존 체제와는 아주 다른 산업 모델에서 나오고 있다.

필자의 경우, 자본시장으로 온 지 이제 만 10년이 된다. 10여 년 전 리서치센터에서 선배 애널리스트들이 했던 수많은 발표는 나의 성장에 알게 모르게 소중한 자양분으로 남았다. 그중에서도 가장 인상 깊게 남아 있는 건 당시 처음 알게 된 '테슬라(TESLA)'에 대한 내용이었다. 전기차가 있다고는 들었지만 상용화되리라고는 생각도 못 하고 있었기 때문이다. 나에겐 신세계로 다가왔다. 더 충격적인 점은 팬데믹 이전부터 테슬라 차량은 없어서 못 구하는 차로 인식되었고, 빠른 속도로 대중화되고 있다는 것이다. '돈 냄새를 진즉에 잘 맡았더라면' 하는 생각은 언제나 내 머릿속을 사로잡고 있다.

영리치의 특성은 2030의 벤치마크

비단 영리치만이 더 부자가 되는 세상이 아니라는 걸 인지해야 한다. 영리치가 범용적으로 가장 많이 소유하고 있는 자산은 부동산으로, 이들 중 80%가 이렇게 대답했다. 올드리치의 86%에 비하면 낮은 것이지만, 부동산에 대한 전 세대의 선호 현상이 유효한 것으로 나타난 점은 일반적 인식과 다소 달랐다. 영리치만이 아니다. 영리치를 동경하는 젊은 세대에게도 이와 같은 현상은 빠르게 확대되어 경제 및 투자 활동 영역이 확장되고 있다.

국내 주택시장의 큰손은 이미 4050세대에서 2030세대로 빠르게 넘어가고 있다. 서울의 평균 아파트 매매가격은 약 12.8억 원(2022년 6월 기준)으로, 경기도의 아파트 평균 매매가격 대비 약 2배에 달한다. 절대 가격의 차이 때문에 다소 상이하지만, 핵심 매매 주체는 '서울 3040세대, 경기도 2030세대'가 자리잡고 있다.

2021년 주택 매매 건수는 서울 4만 9,751건, 경기도 17만 8,793건이다. 그중 2030세대는 서울 2만 730건, 경기도 6만 4,815건의 매매 건수를 기록했다. 그 비중은 각각 서울 41.7%, 경기도 36.2%다. 2020년의 서울 37.3%, 경기도 30.4% 대비 각각 4.4%p, 5.8%p 비중이 확대되었다. 반면 4050세대는 서울 20,669건, 경기도 78,443건으로 2020년 대비 각각 3.5%p, 3.4%p씩 감소했다.

비단 부동산만의 현상이 아니다. 증시도 마찬가지다. 증권사의 각종 마케팅이 올드리치를 향하는지 아니면 영리치를 주대상으로 하는지 생각해보면 답은 명확하다. 세대 갈등이 아니라 세대의 변화이자 차이점의 발현이다. 이는 곧 머니 파워의 이동을 뜻한다. 돈 냄새를 잘 맡아보자. 벤치마크를 향한 한 걸음 한 걸음이 곧 영리치가 되는 길일 수 있다.

가치의 시대,
주인공으로 살자

인플레이션에 대한 헤지 수단 중 생활 필수재는 무엇이 있을까? 그것은 바로 주거 또는 비주거로 활용 가능한 부동산이다. 거주할 수 있는 공간이 없다면, 인간의 생활은 정상적으로 이루어지기 어렵다.

가치(value)의 시대다. 가치가 없는 존재는 무의미하고, 적정 수준에 미달한 가치는 외면되기 마련이다. 사람이든 기업이든, 재화든 서비스든 가치가 있어야만 존재 의미가 있다.

나 자신의 가치가 없어진다면 어떻겠는가? 두려울 따름이다. 사람은 그 자체만으로도 의미 있고 소중한 존재인데 말이다. 하지만 자본주의 시장경제에서 그 유의미성은 점차 희미해졌고, 급변하는 4차 산업혁명 시대에서는 희미함을 넘어 존재의 필요성에 대한 논쟁이 더 가속화되고 있다. 피고용인은 급여로 가치가 매겨지고, 자산은 가격으로 평가되기 때문이다.

이와 같은 현상이 적절한가 아닌가에 대한 평가를 하려는 것이 아니다. 개개인의 가치관과 맞닿는 이슈일지 몰라도, 이와 같은 거시 담론은 정치·철학적 이슈에 해당한다. 나는 단지 거대한 사회의 구성원일 뿐이며, 나와 우리 가족의 삶을 영위하는 것만 해도 쉽지 않기에 잘 적응하고 꾸준히 일상을 누릴 수 있기만을 바랄 뿐이다.

가치를 담을 수 있는 존재에 대한 열망

가치의 시대에서는 무엇이 중요할까? 가치를 담을 수 있는 존재가 되어야 하고, 그러한 존재 가치가 있는 것을 소유하며 사용할 줄 알아야 한다. 근본적으로는 과잉 생산의 시대를 거치면서 많은 것들이 풍족해졌기 때문이다. 풍족한 재화와 서비스가 필요할 때도 분명 있었다. 하지만 지금은 이러한 풍족함이 충분히 충족되었기에 더 고차원적인 가치를 지닌 것에 대한 열망이 커지는 시대로 급속히 변화 중이다.

재화와 서비스처럼 돈도 너무 흔해졌다. 이른바 유동성이 너무나 풍부해졌다. 2000년대 이전만 해도 '양적 완화(QE)', '양적 긴축(QT)'과 같은 정책에 대해 어느 일반인이 빈번히 접했을까 싶다. 하지만 최근에는 돈에 대한 접근성이 너무나도 쉬워졌다. 유동성의 홍수 시대에 있기 때문이다. 기성세대에게 대출은 금융기관의 시혜와 같은 것이었다면, 현세대에게 대출은 금융기관이 먼저 나서서 광고

하는 것이다. 누구나 손쉽게 대출에 접근하고 있으며, 이제는 정부
와 지자체에서도 대출해준다는 정책이 쉽게 나오고 있다.

화폐에 대한 가치 고민이 깊어진다는 것은 화폐 가치가 예전 같지
않다는 것을 일반인이 몸소 느끼고 있음을 시사한다. 장을 보는 단
위가 만 원에서 이제는 오만 원, 십만 원 단위로 바뀌었다. 숫자 단위
가 커졌다. 예전에 만 원짜리 한 장으로 장을 볼 수 있던 시절이 현
재에도 유효하다고 생각하면 크나큰 오산이다.

사람들은 돈으로 향후에 무엇을 할 수 있는지 생각하게 되었다.
돈을 화폐로만 가지고 있다면 극단적으로는 종이에 불과할 수 있다
는 공포감이 내심 자리잡게 되었다.

신뢰할 수 있는 가치 자산에 대한 소유욕

인플레이션 헤지(hedge) 수단으로 자산을 축적하는 것을 이제는
아무도 이상하게 생각하지 않는다. 저축의 시대에서 투자의 시대로
바뀌었다. 주식, 채권, 원자재 및 부동산이 전통 자산이라면, 이제는
디지털 자산인 가상화폐, NFT 등으로 너무나 빠르게 그 범주가 확
장되고 있다. 부자들의 전유물이었던 미술품 등 예술품에 대한 투자
는 일반인에게도 대중화되었다.

미 달러 본원통화는 2021년 말 6.10조 달러를 기록했다. 이는 팬
데믹 직전인 2019년 말의 3.44조 달러 대비 2배가량 확대된 것이다.

연준의 돈 풀기 정책은 팬데믹 기간에 가히 유례없는 수준으로 진행되었다. 한국은행 또한 마찬가지라고 볼 수 있다. 2022년 1월 기준 252.6조 원으로, 최근 5년간 연평균 11%의 증감률을 기록했다.

막대한 돈 풀기 정책이 장기화되자 사람들은 유동성에 익숙해지면서도 명목 화폐 가치에 대한 의구심 또한 커졌다. 화폐 가치의 신뢰도에 의문이 생길 수 있는 시대가 한층 다가온 것이다. 이는 대표적 가상화폐인 비트코인 성장의 해답에도 가깝겠다.

인플레이션 헤지 수단 중 생활 필수재는 무엇이 있을까? 그것은 바로 주거 또는 비주거로 활용 가능한 부동산이다. 거주할 수 있는 공간이 없다면, 인간의 생활은 정상적으로 이루어지기 어렵다. 공간을 통해 생활할 수 있고, 그 생활 속 구성원이 가족 또는 사회생활의 동료가 된다. 인간은 살아갈 수 있는 급여를 획득하거나 부를 창출하고, 이를 통해 생활의 영역을 확장하고자 노력한다.

돈의 가치에 민감해진 시대다. 그리고 풍부해진 만큼 편중되는 자본은 가치의 양극화를 가져오고 있다. 기회이자 위기가 동시에 도래했다. MZ세대에게는 더 큰 기회가 아닐 수 없다.

한국 사회에서 부동산 입지는 흔들림이 있을지언정, 언제나 그 자리에 있었다. 오히려 지난 5년간 문재인 정부를 거치면서, 그리고 팬데믹까지 겹치면서 그 입지는 더 공고해졌다. 대다수 국민은 부동산 시장에 관심을 가지지 않을 수가 없었다. 남녀노소 불문이다. 내 집 장만이라는 제1의 목표를 넘어 부동산 포지션을 구축하지 못할 때의 후폭풍에 대한 두려움은 우리 사회 구성원을 보다 초조하게 만들었기 때문이다. 이 같은 현상은 전국적인 부동산 시장에 대한 욕망을 자극했고, 높은 곳에서 낮은 곳으로 흘러가는 물의 속성처럼 자본 이동은 가치 평가 방법론에 의해 일사천리로 진행되었다. 그야말로 밸류에이션의 원년이었다. 자본주의 시장경제의 역사가 길어질수록 경제 주체의 학습능력은 보다 가속화되었다. 밸류에이션이 진행된 이후에는 이를 뛰어넘을 양극화 시대가 도래할 것이다. 역사는 반복되기 마련이다. 과거를 잊는다면 미래는 밝지 않다.

3장

팬데믹을 거치면서
더욱 공고해진
부동산의 입지

문재인 정부,
부동산 시장의 나비효과

문재인 정부의 부동산 정책은 가격 하락을 목표로 했지만 실패했다. 문재인 정부 5년은 결과적으로 전 국민, 전 경제 주체의 부동산 시장에서 진정한 밸류에이션 투자의 원년으로 자리잡을 수 있었다.

문재인 정부는 전 국민의 부동산 시장 분석도를 한층 높여준 공로만으로도 그 역할을 충분히 했다고 볼 수 있다. 전국 아파트 평균 매매가는 2022년 4월 기준 5.60억 원을 기록했다 문 정부 출범 직전인 2017년 4월의 3.20억 원 대비 2.40억 원이 급등했다. 상승률 기준 75.1% 올랐다. 서울과 경기는 동일 기간 각각 112.1%, 93.5%의 상승률을 기록했다. 높은 상승률을 견인한 만큼 전 국민의 부동산 시장 관심도는 폭발적으로 커졌다.

특정 자산 가격의 상승세가 지속될수록 시장 참가자의 참여 의지는 높아진다. 2017년과 2021년의 가상화폐 시장에 많은 이들이 관심을 가진 것처럼 말이다. 기존 참여자는 그 시장의 길목에서 신규 수요 유입에 의한 가격 상승이라는 달콤한 과실을 누린다. 반면 신규 참여자는 생각과 달리 예상한 수익 확보가 쉽지 않다고 느낀다. 그 가운데 시장의 심판 역할을 하는 정부는 과열을 막고자 신규 참여자의 진입을 막고, 기존 참여자의 퇴로를 봉쇄한다.

역사의 반복처럼 정부 정책도 반복의 역사

정부와 시장의 술래잡기와 같은 반복적인 패턴은 주택 등 부동산 시장에도 적용 가능하다. 시장 참가자는 더 심도 있는 분석을 통해 새로운 수익처로 발걸음을 돌리게 된다. 이는 투자자뿐만 아니라 '투자 및 거주'라는 양대 목표를 동시에 충족해야 하는 '실수요자'의 경제 행위를 과거보다 어렵게 한다.

시장 참여를 위해서는 자본력이 필요하다. 시장의 손실회피 성향은 안정지향적인 결정을 견인한다. 이는 가격 상승의 여력이 있는 동시에 지불 부담이 크지 않은 지역 선별에 대한 목표로 이어지기 마련이다. 정부의 의도와는 반대로, 선순환의 고리에서 저평가된 지역의 주택 등 부동산 시장으로 자금이 이동해 전국적인 가격 상승세가 나타났다. 과거 5년간 문재인 정부에서 익히 확인한 패턴이다.

현재는 팬데믹 전후로 달라진 인플레이션 환경에 직면 중이다. 이미 실물자산의 인플레이션은 시작되었다. 국내 전국 토지 가격은

2021년 4.2% 상승했다. 2000년 이후 네 번째로 높은 토지가 상승률 순위를 기록한 한 해였다. 토지가 상승률은 8년 연속 한국은행의 물가 목표 수준인 2%와 한국 소비자물가 상승률을 동시에 상회하고 있다.

나비효과는 끝나지 않았다

부동산의 기본이자 핵심 요인인 토지 가격이 오른 만큼 자연스럽게 전국적인 부동산 시장 활황을 맞았다. 2022년 2월 기준 전월대비 0.3% 내외의 상승세가 지속되고 있다. 2022년에도 최근의 흐름과 유사하게 견조한 상승세가 예상된다. 실물경제 인플레이션도 함께 도래했다.

물가 및 부동산의 기초인 토지 가격의 동반 상승 국면에서 부동산 시장의 하락 전환을 전망하는 것은 논리적으로 성립하기 어렵다는 판단이다. 오히려 최소 물가 상승세 수준의 토지가 상승은 정직하다고 생각한다.

토지 가격 이상으로 뜨거웠던 것은 주택시장이었다. 2021년 주택 및 아파트 매매지수는 각각 14.97%, 20.18%씩 급등했다. 잊지 못할 2002년 월드컵의 해(주택 16.4%, 아파트 22.8%) 이후로 가장 높은 변동률을 기록했다.

김대중 정부는 IMF 외환 위기 이후 출범했기에 각종 부동산 부양

정책을 펼쳤고, 2002년에 부동산 가격이 급등하자 그제야 규제책을 제시했다. 반면 문재인 정부의 실질적 마지막 집권 해였던 2021년은 과거 5년간 약 30차례에 가까운 각종 규제 및 대책을 발표했음에도 가격 급등은 여지없이 폭발적으로 시현되었다. 4년 부양책 및 1년 규제책의 김대중 정부와 5년 내내 규제책으로 일관한 문재인 정부의 대조적인 정책으로 전 국민의 부동산 시장 학습능력은 분명 일취월장했다.

문재인 정부의 부동산 정책은 가격 하락을 목표로 했지만 명백히 실패했다. 이는 필자의 판단이 아니다. 대통령을 비롯한 정책 당국자의 유감과 정책 소회 등을 통해 이미 그 진단이 공개적으로 표명되었다.

가격 상승 제어에는 실패했지만, 실수요자들마저도 힘겹게 하는 거래 냉각은 역대급으로 이루어졌다. 이에 주택 거래는 전년대비 약 20% 감소했다. 반면 비주택 건축물 거래는 연간 최고 수준의 거래량을 시현했다. 정부 규제책의 풍선효과였다. 비주택 건축물에서 실수요자와 투자자의 성격을 구분하는 것은 한 경제 주체를 생산자와 소비자 둘 중 하나로 구분하려는 것과 같은 이분법적 사고다. 결과적으로 전 국민, 전 경제 주체의 부동산 시장에서 진정한 밸류에이션 투자의 원년으로 자리잡을 수 있었던 문재인 정부 5년이었다.

문재인 정부의
결정적 실책

2011년의 전세가 상승은 주택 매매시장의 안정화로 인한 임차 수요 증가에 근거했던 반면, 2021년에 매매 및 전세 모두 강세장을 시현한 것은 주택 매수 및 실수요자의 동시다발적 수급 미스매칭으로 인한 것이다.

2018년 평창올림픽이 열렸을 때다. 여자 아이스하키팀의 남북 단일팀 구성이 전격 합의되었다. 하지만 북한 선수의 합류로 인해 대한민국의 여자 선수 3명은 모국에서 열리는 축제의 장에 나갈 수 없게 되었다. 소수에 해당하겠지만 실력 있는 국가대표 선수가 외부 변수로 인해 올림픽 진출이 박탈당한 것이다. 당시 당정청의 반응은 2030세대의 인식과는 상당히 동떨어져 있었다.

평창올림픽의 여자 아이스하키팀을 언급한 것은 이 사례가 문재인 정부에서 추진하려는 방향과 달리 의도치 않은 결과가 꾸준히 나올 수밖에 없었던 원인을 보여주는 대표적인 문화적 사례이기 때문이다. 시장 경제는 '보이지 않는 손'에 의해 아주 정교하게 움직인다. 그 정교함은 가격의 다변화이며, 수요와 공급의 탄력성을 견인한다.

단기적 정책 효과 vs. 추세적 시장경제 원리

최근 5년간 수많은 부동산 대책에도 불구하고 부동산 가격이 폭등한 이유는 결과적으로 시장경제에서 촘촘하게 연결된 미세한 고리 역할을 경시한 측면이 크다. 대를 위한 소수의 희생이 불가피하다는 인식이 기저에 깔렸을 개연성이 높다.

이와 같은 인식은 '임대인은 기득권자, 임차인은 선량한 수요자'라는 대립 구도를 만들었다. "종합부동산세는 전 국민의 2%만 납부하기 때문에 98%의 국민은 무관하다"라는 식의 편가르기 발언마저 쉽게 할 수 있었다.

임차인의 안정적인 거주 욕구를 충족시키기 위해서 전격적인 '임대차 3법'이 시행되었다. 2020년 8월에는 전월세 상한제 및 계약갱신청구권이 도입되었고, 2021년에는 전월세 신고제가 개시되었다. 이를 통해 임차인 권리는 향상될 것이라고 강조했고, 임차 기간 연장이 나타나는 중이라고 진단했다.

정부의 언급이 다 틀린 것은 아니다. 그럼에도 중요한 것은 2년, 4년의 거주 안정성이 아니다. 계획 가능한 인생 경로는 2~4년의 짧은 기간에 완성될 수 없다. 문제는 이러한 정책이 '인간의 근본적 소유욕을 정부가 대체하거나 정부가 간접적으로 지원 가능하다'는 오만에 사로잡힌 편견의 산물이라는 점이다.

임대차 3법을 압도한 신규 및 기존주택 공급 급감의 영향력

2021년에 전국 주택 및 아파트 전세지수는 전년대비 9.38%, 12.01%씩 상승했다. 2011년의 12.3%, 16.2% 상승 이후 10년 만의 가파른 상승에 해당한다.

이는 인허가, 착공 물량의 반등과는 달리 신규 임차인이 선호하는 아파트의 입주 물량 급감이 신규 전월세 물량 공급의 감소로 이어졌기 때문이다. 2021년의 공동주택 입주 물량은 착공 기간을 고려할 때, '충분한 공급'이라는 착오 속에서 나타난 문재인 정부의 실책임이 틀림없다.

또한 임대차 시장에 기름을 부은 것은 2020~2021년의 임대차 3법 시행으로 인한 기존주택의 전월세 회전율 저하였다. 이로 인해 신규 전세가격 물량은 기존 계약갱신청구권이 활용된 전세가격 대비 1.5배 이상의 가격대를 형성했다. 계약갱신청구권을 활용하지 않고 임대인과 임차인의 자율적 협의를 통해 재계약된 건은 그 중간 내외에서 형성된다.

특징적인 점은 2011년 전세가 상승은 주택 매매시장의 안정화로 인한 임차 수요 증가에 근거했다는 것이다. 반면 2021년 매매 및 전세가 모두 강세장을 시현한 것은 주택 매수 및 실수요자의 동시다발적 수급 미스매칭으로 인한 것이다.

결국 대출을 권하는 모양새가 된 문재인 정부의 정책

이는 가계대출의 현황에서도 잘 나타난다. 대출이 용이할수록 주택 매수 환경이 더 용이하다. 하지만 문재인 정부 출범 이후 가계대출 활용의 제약 여건은 강화되었다. 2019년의 12·16대책으로 15억 원 이상의 주택은 대출 자체가 되지 않는 것이 작금의 상황이다.

필자는 코로나19 발생 이전과 이후의 가계대출 및 주택 매매가격의 흐름에 주목했다. 통계치 제공 이후 팬데믹 이전까지는 예금 취급 기관 가계대출 증감률이 전국 주택 매매지수 상승률보다 높았다. 반면 팬데믹 이후에는 상황에 반전이 발생했다. 예금 취급 기관 가계대출 증감률이 전국 주택 매매지수 상승률보다 낮아졌다. 그 격차도 상당히 커졌다.

즉 기존 주택시장의 매매 메커니즘의 경색이 나타났음에도 주택 매수세의 강한 유입이 발생했음을 시사한다. 대출을 규제하고 전월세 시장의 거주 안정성을 높여주면서 주택시장 참가에 대한 의지를 제어하고자 한 것이 문재인 정부의 의도였다. 하지만 결과는 그와 반대로 나타났다. 정부는 책임지겠다는 말을 한 적이 없다. 유감을 표했을 뿐이다. 그 책임은 전 국민이 다 함께 지고 있다.

팬데믹보다 중요했던 정책 전환과 그 이유

문재인 정부의 정책적 노력에도 불구하고 부동산 가격 상승세는 다소 둔화되었을 뿐 추세적 하락은 없었다. 정부의 개입은 분명 필요하다. 다만 지나친 시장 개입과 정책적인 간섭은 추후 심각한 문제를 일으킬 수 있다.

지난 2021년 8월 한국은행의 기준금리 인상이 단행되었다. 이는 팬데믹 이후 첫 정상화 행보였고, 주요국 중앙은행보다 빨랐다. 델타 바이러스 확산에도 불구하고 정책 전환을 했기에 시장은 내심 놀랐다. 2022년 현재 관점에서는 오미크론 확산 이후 팬데믹을 대하는 태도가 한층 완화되었지만, 당시 변이 바이러스에 대한 전 세계적 공포감은 상당했었다. 무엇이 한은을 움직였을까?

외부 변수에 의한 완화적 통화정책 도입 시, 한국은행의 정책 정상화 의지는 강해진다. 대외 안정화 신호가 나타날 경우 조기에 정상화를 달성하고자 하는 한국은행의 기본적 속성이 여지없이 드러난 사례에 해당한다. 델타 바이러스의 확산 이전인 2021년 6월, 한국은행은 통화정책 정상화의 세 가지 조건을 제시했고, 익월인 2021년 7월 금통위에서 기준금리 25bp 인상 소수의견이 등장했다. 델타 바이러스의 확산이 본격화된 8월, 금통위는 금리 인상을 결정한 바 있다.

팬데믹보다 중요한 그것

그럼에도 기준금리 인상이 한국은행의 정책 기조 변화에서만 유래했다고 진단할 수는 없다. 당시 기획재정부를 비롯한 정부 당국은 부동산 시장의 고점 가능성을 끊임없이 제기했다. 주요 내용은 '주택시장의 가격 하락세가 임박했으니 시장은 이에 유의해야 한다'는 강한 당부였다. 즉 현 가격은 고점이니 매수하지 말라는 뜻이었다. 경제부총리의 담화 자리에는 경찰청장까지 대동해 엄숙한 분위기를 연출했다. 부동산 시장 참여 자체를 신중히 하라는 것이었다.

또한 '가계부채의 저승사자'로 일컬어지는 고승범 전 한국은행 금통위원을 신임 금융위원장으로 발탁했다. 독립성을 중시하는 금통위원을 콕 집어 정부의 금융수장으로 임명한 것이다. 부동산 시장을 잡겠다는 당정청의 강력한 정책적 의지가 인사로 표출되었다. 이로써 '정부-금융당국-중앙은행'의 트라이앵글이 형성되었고, 한은의 금리 인상도 수순으로 바라보는 것이 적절하겠다.

전 정부는 탐탁지 않았던 국내 가계 자산의 대부분

통계청의 〈2021년 가계금융복지조사〉에 의하면 국내 가계의 평균 자산액은 약 5.02억 원을 기록했다. 그중 금융자산과 실물자산의 비중은 각각 22.5%, 77.5%를 차지한다. 실물자산의 대부분은 부동산 자산으로 총자산 중 73.1%의 비중을 차지한다. 2020년 대비 부동산 자산가액은 금융 및 실물자산의 증감률을 상회하는 14.9%를 기록했다.

이처럼 가계 자산의 절대적 비중을 차지하고 있는 부동산 시장에 대한 정부의 경고음은 정부가 가계 주체의 경제활동을 옳고 그름의 잣대로 바라보고 있다는 간접적인 표출이다. 국내 경제 및 가계의 경제활동은 그 당시의 단면이 아니라 그간의 경제 및 투자활동이 누적된 산물이다. 정부 정책의 방향성과 상이하다고 해서 가계 자산의 대부분을 차지하는 부동산에 대해 정부가 앞서서 억누르고 가격 하락을 조장할 것은 아니다.

편중되고 과열되는 양상이 있다면 경제 주체의 활동을 다른 방향으로 유도하고 인센티브를 제공하면서 정부 정책의 신뢰도를 더 높이는 것이 중요하다. 가계 자산의 증대는 정권의 성향과는 무관하게 정부의 지속성에 근거해 반드시 이끌어내야 하는 핵심 과제다. 그런데도 문제인 정부는 오히려 부동산 자산 가격의 하락이 가계 자산의 감소로 이어져야만 하는 당위성을 공개적으로 표출해왔으며, 국민은 지난 몇 년간 이를 바라보면서 순응해야만 할 것 같았다.

부채보다 높은 자산 가격 상승률의 시사점

가계금융복지조사에 의하면 2021년 가구의 평균 부채액은 0.88 억 원을 기록했다. 그중 금융부채는 0.65억 원으로 전년 대비 7.7% 상승했다. 가계의 평균 자산 증가액보다 못했고, 금융자산 증감률인 7.8%와 유사했다. 금융부채의 상당액이 자산 시장으로 흘러가는데, 정부는 그중 부동산 시장에 흘러가는 것은 어떻게든 막고자 했다. 하지만 오히려 부동산 자산은 약 15% 상승했다. 정부의 실책 지적 이 나올 수밖에 없는 점이다.

가계금융복지조사는 3월을 기준으로 발표한다. 2021년 가계부채 (한국은행 가계신용 기준)는 7.8% 증가했다. 반면 전국 주택 및 아파트 는 연간 14.9%, 20.2%씩 급등했다. 생각해볼 점은 여기에서 비롯된 다. 정부는 지속적으로 부동산 시장의 안정화를 넘어 하락 가능성을 제시하며 이를 달성하고자 했다. 2021년 하반기에는 실수요자의 대 출 실행을 하늘의 별 따기 수준으로 어렵게 했다.

이러한 정부의 정책적 노력에도 불구하고 부동산 가격 상승세는 다소 둔화되었을 뿐 추세적 하락은 없었다. 정부 개입은 분명 필요 하다. 다만 정부의 지나친 시장 개입과 정책적인 간섭은 일정 부분 명분을 충족하더라도 추후 경제 주체의 결정에 따른 결과가 나올 때 심각한 문제를 일으킬 수 있다. 정부 정책 결정에 대한 책임 목소리 가 확대되는 것을 막을 수 없기 때문이다. 정부가 사회적 분열을 조 장한 결과, 이를 감당해야 하는 것은 일반 경제 주체의 몫이 되었다.

이는 부동산의 소유 여부와는 무관하다. 향후 경제 주체로 자리잡아야 하는 사람과 이제 은퇴 이후를 준비해야 하는 세대 모두에게 부담으로 다가온다.

결국 정부라는 엄연한 시장경제의 한 축을 배제할 수 없다면, 우리 모두 각자의 기준을 정립하고 이를 토대로 각자의 판단을 내릴 수 있는 준비를 반드시 해야 한다. 이는 우리 경제의 주축으로 자리잡을 2030세대에게 더욱 중요한 대목이다.

서울특별시만의
특별함

서울을 둘러싸고 희로애락의 인생이 펼쳐지고 있다. 행정구역상의 서울특별시는
경제적·사회적 계층의 특별시로 진화하고 있다. 앞으로 더욱 가속화될 포스트 팬데
믹의 부동산 현상을 목도하게 될 것이다.

부산광역시가 고향인 필자에게 서울특별시는 언제나 남달랐다.
일단 특별시라는 단어가 유별나게 보였다. 부산은 '한국 제2의 도시'
라고 하면서 왜 광역시에 그룹핑이 되어야 하는지 궁금했다(예전에
는 직할시라고 했었다). 언더독 심리 현상이 내적으로 작용한 것이 아
닌가 싶다. 어른들은 항상 서울은 뭐든지 비싸고 돈밖에 모르는 사
람이 많으니 조심해야 한다고 말씀하셨다. '눈 뜨고 코 베어 간다'라
는 무시무시한 경고는 아직도 뇌리에 남아 있다.

그런데 정작 더 특별하고 무서웠던 것은 주택 가격이다. 대학교
입학 후 서울을 경험하면서, 똑같이 생긴 아파트와 주택인데도 어찌

면 이렇게 가격 차이가 나는지 이해가 가지 않았다. 부산의 주택도 서울 못지않고 바다가 가까이 있다는 특장점이 있는데도 인정을 못 받는 것 같아 나름 억울하기도 했다. 그럼에도 나의 현실은 언덕 위의 하숙집이었다. 평면이 아닌 각이 져 있었던 친구네 하숙집 천장을 바라보고 누워서 친구들 각자의 상경기를 공유했던 기억이 아직도 생생하다.

2002 월드컵보다 뜨거웠던 수도권의 부동산 열기

2022년 6월, 서울의 아파트 평균 매매가는 약 12.8억 원으로 집계된다. 정확히 10년 전인 2012년 4월의 평균 매매가는 5.3억 원이었다. 10년 만에 평균 매매가가 2.4배가 된 것이다. 동일한 집을 사기 위해서는 10년간 7.5억 원을 더 모아야 한다는 의미다.

많은 사람이 원하는 강남권의 주택 매수에는 더 큰 금액이 필요하다. 동일 기간 서울권과 같은 2.4배가 되었다고 해도 6.3억 원에서 15.3억 원으로 올라, 필요한 금액은 9.0억 원이다. 지난 10년간 강남권을 대체하는 지역을 양성하기 위한 정책적 노력의 성과는 과연 어디로 간 것인지 궁금하지 않을 수 없다.

지난 2021년 지역별 매매지수 상승률 1위 지역은 23.7%의 상승률을 기록한 인천이다. 그 뒤를 이어서 경기 22.5%, 대전 17.0%, 서울 12.5% 순으로 나타났다. 전세가 상승률 역시 인천이 1위를 기록했다. 인천은 매매지수 대비 변동률은 낮았지만 13.8%라는 전세가 상승을 기록했다. 2위, 3위 역시 매매가와 동일하게 경기 11.9%, 대전 11.3%, 서울 9.8% 순이었다.

2002년 월드컵의 해 이후로 가장 뜨거웠던 해였던 만큼 전국적인 부동산 시장 활황을 기록했지만, 그럼에도 가장 뜨거웠던 지역은 인천, 경기 및 서울의 수도권이었다. 특히 아파트의 평균 가격 기준으로 비교하면 수도권의 열기는 가히 폭발적이었다. 인천 아파트의 평균 매매가는 2021년 44.0% 상승했다. 이는 그 직전 3년 평균 5.5% 대비 8배에 달한다. 경기 또한 2021년 34.3%의 상승률을 기록하면서 11.3% 대비 3배 이상의 상승세를 시현했다. 이에 인천 및 경기의 아파트 평균 매매가는 각각 4.7억 원, 6.2억 원까지 빠르게 상승할 수 있었다.

서울을 둘러싼 희로애락의 인생

인천 및 경기의 부동산 가격 상승세는 상당히 드라마틱하다. 교통 여건의 개선과 함께 서울 대비 낮은 가격, 기존 구도심 대비 쾌적성 확보 등이 주된 이유가 되겠다. 그럼에도 수도권의 핵심은 서울임을 부인할 수는 없다.

한국은행 자료에 의하면 최근 10년간 경기도로 순유입된 인구는 연평균 11.4만 명이다. 그중 96%는 서울에서 온 것으로 조사되었으며, 그 사유로는 '주택(64%)'이 꼽혔다. 또한 서울연구원에 의하면, 서울에서 경기도로 이사한 주된 이유는 양질의 주택 수요가 서울이 아닌 경기도에 주로 공급되었기 때문이었다.

즉 주거 문제로 인해 서울살이를 포기해야 하는 상황이 도래한 것이다. 이는 곧 '집이 해결된다면 서울에 거주하겠다'는 의지라고도 볼 수 있다. 서울에서 경기도로 간 인구의 절반은 여전히 생업을 위해 서울 중심의 일상생활을 하고 있다는 점 또한 이를 지지하는 대목이다.

서울의 인구가 경기도로 순유출되고 있음에도 서울 아파트 평균 매매가는 지난 3년간 16.7%씩 상승했으며, 2021년 한 해에는 19.8%라는 더 큰 폭의 상승을 기록했다. 게다가 거래 냉각기였던 2021년 말부터 2022년 초에도 서울 핵심지역의 신고가를 갱신하는 현상은 타지역 대비 월등했다.

인천과 경기도로 나가는 현상은 자의 반 타의 반이라고 한다면, 서울 및 서울 핵심지로 오겠다는 의지는 백 퍼센트 자의의 표출임을 시사한다. 행정구역상의 서울특별시는 경제적·사회적 계층의 특별시로 진화하고 있다. 앞으로 더욱 가속화될 포스트 팬데믹의 부동산 현상을 목도하게 될 것이다.

비주택 건축물 투자의 대중화

오피스텔 매매가의 연간 상승률은 인천 23.4%, 경기 19.8%, 서울 9.9% 순으로, 통계치 작성 이후 최고치에 해당한다. 이는 문재인 정부의 주택시장 규제가 야기한 파급 효과다.

문재인 정부는 '부동산 불로소득 원천 방지'를 기치로 내걸었다. 국토교통부가 주관 운영하는 부동산대책 정보 사이트 정책풀이집(www.molit.go.kr/policy)에 접속하면 나오는 정책 목표는 '안정된 주택시장, 편안한 보금자리'다. '실수요자의 내 집 마련 기회는 늘리고 다주택 투기수요와 갭투자는 차단하겠습니다'라는 문구가 메인 화면에 자리잡고 있다. 그만큼 문재인 정부는, 주택은 사는 것(buying)보다는 사는 곳(living)이라는 개념을 중시했다.

이런 선한 의도를 가진 정책 목표에 그 누가 쉽게 반기를 들 수 있을까? 정부의 목표와는 반대로 '실수요자의 내 집 마련 기회는 줄이고 다주택 투기수요와 갭투자를 권장하겠습니다'라는 표어를 제출하는 것에 적극 찬성하기는 무척 어렵다. 그럼에도 불구하고 오히려 현실에서는 전 국민의 부동산 고통을 심화시키는 상황이 발생하고 말았다.

역설의 힘, 규제할수록 더 갖고 싶다

주택을 취득하는 취득세의 세율은 대폭 상향 조정되었다. 가액의 상향보다는 주택 보유 수에 따른 징벌적 보유세 부과액이 컸다. 이른바 '폭탄'이라는 표현이 무색할 정도로 재산세 및 종부세 등 보유세 세수가 급증했다. 부동산의 소유권을 이전할 때 발생할 수 있는 양도세는 '부동산 불로소득 환수'라는 명분 하에 중과 및 중중과되었다. 다주택자가 규제지역에서 집을 매도할 경우 양도차익의 82.5%까지 중과되어 세금 징수가 이뤄질 수 있는 상황이다.

새롭게 출범한 윤석열 정부는 기재부 차원의 제1부동산 시장 관련 정책을 발표했다. 그 첫 번째 과제로 기존의 주택시장 관리 목적으로 운용되던 부동산 세제를 조세원리에 맞게 정상화하는 일을 목표로 삼았다. 그만큼 정부의 과도한 세 부담으로 시장의 원활한 거래 메커니즘이 훼손될 수밖에 없음을 나타낸다.

이는 내 집 마련의 기회를 늘리는 것과는 상반된 결과로 나타났다. 정부의 강력한 주택시장 안정화 정책에도 불구하고 전국의 유주택 가구 비중은 박근혜 정부 말기의 2016년 55.47%에서 문재인 정부 4년 차인 2020년 56.05%로 0.6%p 확대에 그쳤다. 서울 지역의 유주택 가구 비중은 2016년 49.25%에서 2020년 48.42%로 오히려 축소했다. 일반 시장 참가자가 원하는 서울의 내 집 마련은 더 어려워졌고, 정부의 대책은 서울 이외 지역에서의 내 집 마련을 권고한 모양새로 변질되었다.

주택이 아니라도 좋다

내 집 마련의 어려움이 가중되다 보니 주택보다 비주택 건축물에 대한 투자 관심이 증대하는 의도치 않은 상황이 연출되었다. 전체 건축물(주택, 비주택 포함)은 2020년까지 주택 거래 중심으로 큰 폭의 증가세를 보였다. 하지만 2021년 하반기 이후 정부의 주택 규제책 누적 등의 영향력이 나타나면서 증가세는 곧 단절되었다. 전국의 주택 건축물 거래 호수는 2021년 말 162.1만 호를 기록해 전년 대비 19.8% 감소했다. 반면 비주택 건축물 거래 동수는 전년 대비 18.5% 증가한 49.4만 동을 기록해, 부동산원과 국토교통부의 데이터 집계 이후 연간 최고 수준의 기록이 확실시된다.

주택 대체재 성격의 오피스텔의 매력은 가격 측면에서 한층 부각되기도 했다. 2021년 오피스텔 매매가는 역대급 상승을 기록했다. 2021년 말의 오피스텔 평균 매매가는 서울 2.95억 원, 경기도

2.80억 원 및 인천 1.69억 원을 나타냈다. 오피스텔 평균 매매가의 연간 상승률은 인천 23.4%, 경기 19.8%, 서울 9.9% 순으로, 통계치 작성 이후 최고치에 해당한다. 이는 문재인 정부의 주택시장 규제가 야기한 파급 효과다.

최장수 기획재정부 장관이자 경제부총리로 기록된 홍남기 부총리는 부동산 관계장관회의를 지속적으로 열어왔다. 강력한 경고 메시지를 낼 때는 경찰청장도 그 자리에 동석해서 분위기를 다잡고 했던 것이 생생히 기억난다.

홍남기 부총리는 그때마다 빈번하게 '주택시장 가격 하락 임박설'을 주장했다. 한 국가의 경제 살림을 총괄하는 고위 공직자가 전 국민의 가구 자산 중 약 77%를 차지하는 실물자산의 하락을 통해 가계 자산의 감소를 부추긴 것이다. 주택이 아니라 비주택 건축물의 거래량 증가는 자산시장의 자본이 정부의 규제를 피하고자 하는 것임을 이미 알면서도 이를 방조한 것이 아닌가 생각한다.

과거 정권별 부동산 시장의 주요 이슈

보수 및 진보 정부의 상이한 주택시장 가격 흐름은 비교적 명확히 확인된다. 진보 정권의 주택 매매가 상승률은 25.8%를 기록했다. 이는 보수 정권의 6.3% 대비 4배 이상의 상승폭에 해당한다.

문재인 정부의 부동산 정책은 그야말로 보수와 진보 정권의 수요 억제 및 조세를 통한 부동산 안정화 정책을 총망라한 것이었다. 시장 수요가 조금이라도 강해지면 이를 투기 세력으로 간주했고, 부동산에 대한 불로소득을 회수하겠다는 정책 의도는 과도한 징벌적 조세 정책으로 이어졌다. 그럼에도 시장의 안정화 목표가 어렵게 되자, 그 이후에야 신도시 개발 등을 중심으로 한 공급 대책을 내놓았다. 과거에도 확인했던 패턴의 반복이었다.

보수 및 진보 정부의 상이한 주택시장 가격 흐름

노태우 정부의 특이한 주택 매매 및 전세시장 환경을 고려해서 동 정부 시기를 제외하면, 보수 및 진보 정부의 상이한 주택시장 가격 흐름은 비교적 명확히 확인된다.

주택 매매가격의 상승폭은 진보 정권이 들어설 때 큰 폭으로 상승세를 시현한다. 진보 정권에서의 주택 매매가 상승률은 무려 25.8%를 기록했다. 이는 보수 정권의 6.3% 대비 4배 이상의 상승폭에 해당한다.

특히 부동산 부양책을 주로 펼친 김대중 정부의 매매가 상승률 22.7%는 규제책 중심으로 대응한 노무현 및 문재인 정부의 23.3%, 31.4% 대비 낮다는 점도 주목할 만한 점이다. 매매시장은 정부의 일관된 규제책에 빠르게 적응하고, 이는 가격의 급등으로 이어질 개연성이 높다는 점을 시사한다.

반면 보수 정권에서의 주택 매매가격 상승세는 진보 정권에 비해 상당히 완만한 편에 해당된다. 해당 정부의 정책 효과가 즉각 반영된 것은 아니나, 김영삼 정부는 노태우 정부의 1기 신도시 등 200만호 주택 공급 정책의 효과를 톡톡히 누렸으며, 이명박 정부의 '반값 아파트'와 '그린벨트 해제' 등의 부동산 정책은 그 뒤를 이은 박근혜 정부에까지 영향을 주어 주택 매매시장의 안정을 일정 부분 견인할 수 있었다.

한편 전세시장은 매매시장의 흐름과는 상반된 측면에서 접근하는 것이 합리적이다. 전세시장은 정권의 성향과는 비교적 무관한 측면이 있다. 노태우 정부부터 이명박 정부까지는 정권별로 전세가 변동폭이 '상승 후 안정, 재상승'의 패턴으로 나타났다. 즉 주택 실수요자에 대한 부족 현상이 전세가 상승을 견인하고, 이를 충족시키기 위한 주택 공급이 후속 조치로 이뤄진 것이다.

최근의 특징은 이와 같은 상승 후 안정 패턴이 나오지 않는 대신, 전세가 상승폭의 확대 성향이 한층 강화되었다는 것이다. 박근혜 정부 후반기부터 전세가 상승세가 재발현되었다. 당시의 전세가 상승은 수도권 주택시장의 침체가 장기화되자 주택 공급 유인이 약화된 것에서 유래했다. 공급 부족 현상 이후 부동산 가격 상승 온기가 확산되자 박근혜 정부 중반기부터는 상당 규모의 인허가 및 착공이 견인되었다.

다만 누적적으로 충분한 공급량이 지속되지 못한 채 탄핵 사태로 인해 조기 정권교체가 이뤄졌고, 이는 문재인 정부가 출범한 이후 전 정부의 한시적 인허가 및 착공 규모에 대한 판단 오류로 이어졌다. 즉 충분한 공급량이 진행될 것이라고 예상하는 정책적 착오가 이때 생긴 것이다. 이는 실수요자의 기대치에 미흡한 신규 및 기존 주택발 임차 물량 공급으로 전세가 상승을 야기했다. 게다가 임대차 3법 전격 실시로 임대차 시장의 수급 미스매칭은 더욱 심화될 수밖에 없었다.

진보 정권이기에 나타난 부동산 현상

과거 진보 정권별 부동산 시장을 복기하면서 향후 진보 정권에서 보수 정권으로 정권교체가 이뤄지는 시기에 발생한 현상을 확인하고자 한다.

IMF 외환위기 직후 경기가 어려운 가운데, 김대중 정부는 시장 활성화를 위한 다양한 대책들을 제시했다. 분양권 재당첨 금지 기간을 단축하고, 청약 자격 제한을 완화하는 등 '5·8 규제 완화 대책'을 시작으로 분양가 자율화, 양도세 한시적 면제, 취·등록세 감면, 토지 거래 허가제 및 신고제 폐지, 분양권 전매 허용 등 굵직한 규제 완화책을 내놓았다.

그 영향으로 2001년 이후 부동산 시장은 서서히 과열 양상으로 전개되었다. 정부는 규제 강화 방향으로 정책 기조를 선회했다. IMF 외환위기 이후 지속된 부양책과의 작별이었다. 정부는 국민임대주택 100만 호 건설을 통한 공급 확대와 함께 LTV(담보인정비율)를 통한 대출 규제 도입 등 시장 안정화를 위한 수요 억제 및 공급 확대 대책을 마련했다. 하지만 부동산 시장의 과열 양상은 다음 정부까지 고스란히 이어질 수밖에 없었다.

결과적으로 김대중 정부의 집권기였던 1998년 2월부터 2003년 2월까지의 주택 매매가격 지수 변동률은 전국 22.7%, 서울 37.9%, 6대 광역시 17.5% 상승했다. 또한 주택 전세가격 지수 변동률은 전국 47.5%, 서울 57.4%, 6대 광역시 45.7% 상승했다. IMF 외환위기 이후 집값 폭락 영향으로 각종 부양책에도 불구하고 주택 자산 가격에 대한 시장 신뢰도는 약했었다. 주택 매매가 아닌 임대차 시장의 수요 이동으로 이어졌기에 매매가 대비 전세가 변동률의 상승폭이 컸다.

김대중 정부에 이어 당선된 노무현 대통령의 참여정부 출범은 진보 정권의 10년 집권을 견인했다. 참여정부는 서민주의에 의거해 강력한 부동산 매매 규제를 실시했다. 분양권 전매 금지, 수도권 전역 재건축아파트 80% 이상 시공 후 분양 등의 규제를 시작으로 수도권 주택 매매와 관련된 규제들이 이어졌다.

강력한 조세 정책과 함께 금융 거시건전성 정책도 함께 펼쳐졌다. 2003년 10월에 조기 도입된 종합부동산세가 대표적 사례에 해당한다. 1가구 3주택자에는 양도세 60%라는 중과안이 적용되었고, 투기지역에는 LTV를 기존 50%에서 40%로 하향 조정했다. 2005년 6월에는 전 지역 LTV를 60%에서 40%로 하향 조정했으며, 8월에는 1가구 2주택자의 양도세를 50%로 중과하는 규제안을 도입했다.

노무현 정부의 임기 마지막 해인 2007년 3월에도 부동산 시장은 여전히 뜨거웠다. 이에 투기지역 및 투기과열지구에서는 3억 원 초과 주택 매매 시, DTI(총부채상환비율) 40%를 적용하는 규제안을 추가했다. 과거 존재했던 각종 규제책 이상의 정책이 연이어 발표되었기에 발표될 때마다 시장의 이목은 집중되었고, 각 정책에 대한 민감도는 상상 이상으로 컸다.

참여정부 집권기(2003년 2월~2008년 2월)의 주택 매매가격은 전국

23.3%, 서울 42.0%, 6대 광역시 10.1% 상승했다. 주택 전세가격은 전국 4.3%, 서울 4.0%, 6대 광역시 0.1% 상승했다. 김대중 정부 집권 당시 공급된 주택 물량 영향으로 참여정부하에서는 투자 목적이 아닌 거주의 안정성은 비교적 높은 수준으로 유지되었고, 이는 전세 시장의 안정화로 이어질 수 있었다.

노무현 정부 이후 9년 만에 집권하게 된 진보 정권의 문재인 정부는 2017년 5월에 출범했다. 출범 당시부터 참여정부 못지않은 부동산 시장 규제 의지를 피력해왔던 문재인 정부는, 집권 후 1개월 만인 2017년 6월에 첫 부동산 정책을 발표했다. 조정대상지역을 40곳으로 확대하면서 조정대상지역의 대출 규제를 강화했다. 이에 LTV는 60%로 축소되었다.

그 이후인 2017년 8·2 부동산 대책부터 규제의 강도가 더욱 강화되었다. 서울 전 지역, 경기 과천, 세종시를 투기과열지구로 지정했으며, 투기과열지구에 대한 LTV·DTI 각 40% 적용, 종부세 세율 인상, 1주택자 규제지역 내 주택 구입시 주택담보 대출 금지 등 집권 기간 동안 약 28차례의 다양한 규제를 포괄하는 정책의 향연이 이어졌다.

그럼에도 불구하고 부동산 시장의 과열은 점차 심화되어 문재인 정부 출범 시기인 2017년 5월부터 2022년 4월까지 전국 주택 매매 가격은 31.4% 급등했다. 서울 47.2%, 6대 광역시 26.7% 상승했다. 주택 전세가격은 전국 17.5%, 서울 27.5%, 6대 광역시 15.9% 상승했다. 임대차 3법 등 전월세 관련 규제안이 강화되면서 전세 물량이 급격하게 줄어든 것이 오히려 가격상승을 부채질하는 요인으로 작용했다. 일반적으로 매매와 전세시장은 동반 상승보다는 선별적 가격 편중 현상이 나오는데, 이해 반해 문재인 정부의 부동산 시장은 시장의 자정 기능이 약화되면서 매매와 전월세 시장의 동반 급등 현상을 목도하며 마무리하게 되었다.

보수 정권이기에 나타난 부동산 현상

노태우 정부는 출범 이후 1989년부터 토지공개념 3법, 공시지가 제도 및 분양가 상한제 도입 등 부동산 투기 억제 대책을 실시했다. 규제책의 영향으로 노태우 정부 당시 전국 주택 매매가격은 39.8%, 서울 39.4%, 6대 광역시 36.2% 상승했다. 주택 전세가격은 매매가 대비 급등했기에 전국 58.1%, 서울 58.6%, 6대 광역시 55.4% 상승했다. 매매 및 전세가격의 급격한 상승에 대한 대책으로, 주택 200만 가구 공급 계획이 발표 및 실시되었다.

김영삼 정부 시기에는 노태우 정부 당시 추진했던 1기 신도시의 완공이 본격화되면서 주택가격이 안정 및 하락세에 접어들었다. 주택 매매가격 지수는 전국 -2.0%, 서울 -2.7%, 6대 광역시 -4.7% 하락했다. 주택 전세가격의 경우 전국 11.6%, 서울 6.2%, 6대 광역시 11.5% 상승했다.

이명박 정부가 출범한 2008년에는 글로벌 금융위기로 인한 글로벌 부동산 경기침체가 이어졌다. 이에 따라 경기부양 목적의 규제 완화가 일부 시행되었다. 보금자리 대책 마련과 강남 3구 외 투기지역 해제 등의 조치로, 서울 등 수도권의 주택 매매가격은 빠르게 안정화 흐름을 보였다.

같은 기간 글로벌 부동산 가격이 큰 폭으로 하락한 것에 비해 6대 광역시를 중심으로 한 전국의 주택 매매가격은 비교적 안정적인 상승 흐름이 나타났다. 노무현 정부에서 광역시 등 비수도권 지역의 주택시장은 이목 집중이 되지 않았기에 이는 그 후폭풍의 영향으로 해석된다.

이명박 정부 집권기의 주택 매매가격은 전국 12.2%, 서울 0.5%, 6대 광역시 23.7% 상승했다. 2011년에 DTI 규제가 부활했으나 30대 무주택 근로자 및 은퇴자 DTI 규제 완화, 순자산도 소득으로 인정하는 방안을 제시하며 실수요자에게는 완화적인 규제 방안이 마련되었다. 같은 시기 전국 주택 전세가격은 30.2%, 서울 27.4%, 6대 광역시 32.8% 상승했다.

박근혜 정부는 지역별 주택시장의 차별적 흐름이 강화되는 시점에 출범했다. '하우스푸어'에 대한 공포감이 커지는 등 수도권 주택시장 침체는 끝을 모르고 진행되었다. 집권 초반부인 2013년 4월의 4·1 부동산 대책에서는 생애최초주택 구입자금 LTV를 70%까지 확대하는 방안을 발표했다. 무주택자가 주택 매수 또는 분양 계약을 할 경우, 양도소득세의 한시적 면세 조치도 취해졌다. LTV 70%, DTI 60%로 일괄 상향 조정하는 등 투자를 활성화하기 위한 다양한 대책이 마련되었다.

박근혜 정권 후반부에는 지속된 부양책에 대한 후유증을 사전에 예방하기 위해 가계부채 및 주택시장의 안정적 관리 방안이 마련되고 발표가 진행되었다. 이에 따라 전국 주택 매매가격은 안정적인 우상향 추세를 나타냈다. 주택 매매가격은 전국 8.6%, 서울 7.6%, 6대 광역시 11.8% 상승했다.

이명박 정부에 발생한 글로벌 금융위기와 수도권 주택시장의 침체로 박근혜 정부 들어 공급 물량 부족 현상이 수면 위로 부상해 매매 대비 전세시장의 불안은 가속화되었다. 이에 따라 주택 전세가격은 전국 16.6%, 서울 22.2%, 6대 광역시 13.8% 상승했다.

참고도서

『대한민국 부동산 40년』 국정브리핑 특별기획팀 지음, 한스미디어(2007)

『주택시장 30년 파노라마』 장지웅 지음, 책나무(2010)

"

2022년 5월, 세제, 금융 및 거래 등 부동산 정상화를 주목표로 한 윤석열 정부가 출범했다. 정책의 변화는 필수적으로 수반된다. 그 변화는 부동산 가격 상승이 목표가 아닐 것이다. 안정적이며 예측 가능한 부동산 시장을 조성하기 위함이다. 시장 조성자이자 심판으로서 정부의 역할은 유지하되, 전 정부와는 달리 시장 전면에 나서지 않을 가능성이 커졌다. 결국 수요와 공급에 의한 기본적 시장 원칙에 따라 부동산 시장의 흐름이 형성될 것으로 판단한다. 그 외 변수는 포스트 팬데믹에서 맞이한 전례 없는 인플레이션, 그에 대응해야만 하는 통화 및 재정정책 그리고 자산 가격의 급등락 환경 등이다. 이미 과거를 통해 부동산 시장 가격에 영향을 미칠 수 있는 요인들에 대한 판단은 일정 부분 가능하다. 진정한 관건은 비탄력적 공급보다 신규 수요층의 현실적 수요 창출 여부다. 선진국 대열에 합류한 한국에 있어서 질적인 주거 문화에 대한 수요가 지속적으로 창출되고 있다. 의식주를 기반으로 한 업그레이드된 니즈에 목말라하는 수요층을 주목할 시점이다.

"

4장

윤석열 정부의 부동산,
정책 전환과
트렌드 변화의 상존

윤석열 정부 출범 이후 국내 부동산 시장 전망

2021년은 매매가 상승률이 다시 높아졌다. 2022년 새 정부 출범을 맞이하면서 매매시장의 강약 요인은 혼재하는 반면, 실수요가 대부분인 임대차 시장의 가격 상향 조정은 불가피하다.

윤석열 정부는 2022년 5월 출범했다. 치열한 대선 경쟁 중에 나온 공약은 인수위 과정에서 현실적 수준으로 조정되기 마련이다.

2022년 5월 3일 〈윤석열 정부 110대 국정과제〉가 공식적으로 발표되었다. 주요 부동산 정책으로는 1) 주택공급 확대와 시장기능 회복을 통한 주거 안정 실현, 2) 안정적 주거를 위한 부동산세제 정상화, 3) 대출 규제 정상화 등 주택금융제도 개선, 4) 촘촘하고 든든한 주거복지 지원 등이 선정되었다. 앞으로 행정부 소관 하에 진행하는 사안은 단기간 내에 확인되겠지만, 입법부의 역할이 필요한 부분은 의회와 행정부 협의 등이 수반되므로 중장기 과제로 확인될 것이다.

또한 물가 급등세에 대응하고자 2022년 5월 30일에는 〈서민생활 안정을 위한 긴급 민생안정 10대 프로젝트〉를 발표했다. 물가 대응, 생계비 부담 경감과 중산층 및 서민의 주거 안정을 위한 정책으로 1) 2020년 수준으로 세 부담을 환원하는 보유세 완화, 2) 일시적 2주택자 등 취득세 및 양도세의 중과 배제를 통한 거래세 완화, 3) LTV 완화와 DSR(총부채원리금상환비율) 장래소득 반영 확대를 통한 금융 접근성 개선을 잇달아 내놓았다.

전 정권에서 도입된 임대차 3법이 정권 초기의 핵심

무엇보다도 2022년은 임대차 시장의 안정화 여부가 곧 주택시장의 키 팩터(Key Factor)로 자리잡을 것으로 전망한다. 임대차 3법은 전월세상한제, 전월세신고제, 계약갱신청구권으로 구성되는데 그 중 가장 핵심은 '계약갱신청구권'이다. 기존의 2년 전월세 기간에서 1회에 한해 추가로 임대인에게 2년 거주 연장을 요구할 수 있는 제도다. 2020년 8월 이후 도래하는 전월세 만료 계약 건은 임대차법에 의한 계약갱신청구권을 활용할 수 있었다. 문제는 이를 활용한 전월세 건 계약 만료 시점이 2022년 8월부터 도래한다는 것이다.

계약갱신청구권을 이미 사용했기에, 임대인은 임차인에 대해 신규 물건에 적용되는 임대차 보증금 시세를 요구할 것이다. 임차인은 임대인과의 협상을 통해 결론을 도출하거나, 협상 결렬 시 타지역의 신규 전월세를 물색해 신규 계약이 이루어질 것이다. 이러한 과정은 결과적으로 그동안 신규 시세를 반영하지 못했던 전월세 가격의 급등으로 이어질 가능성이 높다.

이에 따라 2022년 주택시장의 전세가는 매매가 대비 큰 폭의 상승세가 실현될 전망이다. 매매가격 중심으로 부동산 시장의 상승세를 이어온 2018~2021년과는 상이한 양상으로 주택시장의 가격 흐름이 전개될 것이다.

역사적으로 아이러니한 부분은 현재 다수당인 민주당이 집권 여당일 때 임차인의 거주 안정성을 제고하고자 만든 법률이 한시적 효력 발생 이후 더 큰 혼란을 가져올 가능성이 한층 커졌다는 점이다. 이는 이미 과거 사례에서 확인된다.

임대차 시장의 데자뷔

1988년 서울올림픽을 앞두고 국내의 정치·경제·사회는 빠르게 안정되었고, 그럴수록 올림픽 준비에 박차가 가해졌다. 수도권 중심으로 경제 구조가 재편되는 과정에서 서울 등 수도권 인구 집중은 가속화되었다. 이미 과밀화, 노후화한 서울 일부 지역의 인프라 철거는 불가피했다.

국가적 행사를 앞두고 이른바 '꽃단장'이 요구되었고, 대의 앞에서 현실적 삶의 애환이 담긴 목소리는 묻힐 수밖에 없었다. 이는 신규 유입 인구의 거주 공간을 제약하는 요인으로 작용했다. 전세가 상승세가 연간 15%를 상회하는 기록적 상황은 그후 4년 이상 지속되었다.

노태우 정부는 임대차 시장의 안정을 위해 임대차법을 개정함으로써 전월세 계약 기간을 1년에서 2년으로 늘렸다. 이미 주택시장의 매매가는 급등했고, 전세가는 그보다 더 높이 오랜 시간 동안 고공행진을 지속하는 상황에서 임대차법 개정을 맞이했다.

노태우 정부의 정책 변화는 전세가의 추가 상승을 야기했다. 상승 국면 속에서 고공행진하는 전세가격은 떨어질 줄을 몰랐다. 1992년 1기 신도시 입주 전후부터 안정적인 대규모 공급 물량의 지속성에 대한 신뢰도가 형성되자 임대차 및 매매시장 안정화 효과와 더불어 정책 변경의 안정 국면으로 진입할 수 있었다.

역사는 반복되기 마련

현재 상황(2020~2022년)은 노태우 정부의 정책 변경 이후 약 30여 년 만에 맞이하는 국면이다. 계약갱신청구권 및 전월세 상한제를 도입한 시점은 2020년 8월부터다. 계약갱신청구권을 사용한 물건의 계약 만기 도래 시점은 자연스럽게 돌아온다. 2020년에는 법령의 변화로 말미암아 매매가 대비 전세가의 상승률이 높았다. 반면 2021년은 매매가 상승률이 다시 높아졌다.

2022년 새 정부 출범을 맞이하면서 매매시장의 강약 요인은 혼재하는 반면, 실수요가 대부분인 임대차 시장에서의 가격 상향 조정은 불가피하다. 윤석열 정부는 임대차 3법에 대해 비판적인 시각을 가지고 있지만, 임대차 3법의 개정에는 절대다수를 차지하는 야당의 협조가 필수적이다. 임대차 3법의 개정을 주도한 야당의 입장에서 윤석열 정부의 재개정 추진안에 대한 동의를 기대하기란 매우 어렵다. 결국 이미 시행 중인 임대차법의 후폭풍에 노출된 2022년의 주택시장 흐름은 불가피할 것이다.

인플레이션발 금리 인상과 주택 가격

2022년 이후 한국과 미국의 주택시장 흐름은 완만한 확장세가 이어질 것으로 예상한다. 매매가 상승 압력은 다소 완화되겠으나, 가격 상승 국면 확장은 충분히 가능하다.

미 연준의 공격적이고 압축적인 통화정책 정상화 스탠스가 태풍의 핵으로 자리잡고 있는 2022년이다. AIT(평균물가목표제)를 도입하면서 인플레이션이 살아나기를 기다리겠다는 입장은 온데간데없이 사라졌다.

2021년 하반기부터 심상치 않던 전 세계적인 물가 상승세는 2022년 들어 더욱 가팔라졌다. 40여 년 전의 미 소비자물가 10%대가 곧 다가오는 듯한 모습이다.

연준은 2022년 3월 FOMC(미국 연방공개시장위원회)를 통해 팬데믹 이후 처음으로 금리 25bp 인상을 단행했다. 5월 FOMC에서는 드디어 빅스텝(Big step) 50bp 인상까지 이어졌다. 2022년 3Q까지 빅스텝 금리 인상 가능성은 유지될 것이다. 게다가 폭발적으로 급증한 연준의 대차대조표 자산 규모를 되돌리는 양적 긴축(QT) 또한 2022년 2Q 중에 실시한다고 공식화했다.

인플레이션 쇼크

한국은행은 이에 앞서서 지난 2021년 8월부터 금통위를 통해 이미 기준금리 인상 국면에 진입했다. 한국은행은 매 분기별 최소 1회씩 금리 인상을 단행해 2022년 5월 말 기준, 기준금리를 1.75%까지 상향 조정했다. 이러한 기준금리의 상향 조정에도 불구하고 국내 소비자물가의 상승폭은 더욱 확대되었다. 전년 동월 대비 5%대에 근접한 상황이다. 물가안정목표제 2%를 넘는 근원 소비자물가 3% 시대도 이미 펼쳐졌다.

인플레이션의 장기화 가능성은 한층 높아졌다. 세계화에서 탈세계화로 진행되는 정치 경제적 현상은 가속화 요인이다. 이미 금융시장의 상수로 작용한 팬데믹 이후 일상으로의 복귀 경로는 물가 상방 압력으로 작용 중이다. 역사적 수준의 팬데믹발 완화적 통화정책과 각국의 막대한 재정정책 등은 유동성 급증에 기반한 인플레이션을 견인한 대표적 나비효과에 해당한다.

인플레이션이 부동산에 미칠 영향력

'인플레이션발 기준금리 인상 국면이 부동산 시장에 어떠한 영향을 미칠까?' 이 질문에 대한 답을 찾는다면, 작금의 중물가로 넘어가는 시대에 대응할 방법도 찾을 수 있을 것이다.

인플레이션 대응 차원의 기준금리 인상이 지속된다면, 국채 시장 금리 상승은 불가피하다. 시장금리는 화폐 가치를 나타내는 동시에 물가를 중심으로 한 해당국의 경제 펀더멘털을 종합적으로 반영하기 때문이다.

기준금리 인상 초입에는 동시다발적으로 시장금리 상승이 나타나는 것이 일반적이며, 금리 인상 중후반부에는 장기물부터 금리 상승 압력이 약화되고 장단기물 금리 스프레드 축소 또는 역전이 발생하는 경향이 커진다. 금리 상승과 금리 수익률 곡선의 평탄화 또는 왜곡 현상은 향후 경기 회복 모멘텀을 약화시키고 경기 위축 신호가 가시화됨을 시사한다. 그만큼 기준금리 인상과 시장금리 상승의 조합은 경제 및 금융시장에 미치는 영향력이 지대하다는 것이 금융사의 교훈이다. 이는 주택시장을 비롯한 부동산 시장에서도 그 영향력을 부인할 수 없음을 시사한다.

당분간 기준금리 인상 및 시장금리 상승이 펼쳐질 것이다. 그런데 이것이 주택시장을 비롯한 부동산 시장의 가격 하락 요인으로 작용한다고 예단할 수 있을까?

결론적으로는 그렇지 않다고 판단한다. 과거 데이터뿐만 아니라 현

상황에 기반한 장래 부동산 시장의 대내외 환경이 부동산 가격 하락을 견인하기는 어렵기 때문이다.

금리 인상기에도 국내 주택 가격은 상승했다

금리 인상 및 시장금리 상승은 부동산 시장 참가자의 심리 위축과 거래 냉각 현상을 야기할 수는 있으나, 가격 하락으로 이어지는 방향성까지 주도하기는 매우 어렵다. 한국은행의 기준금리가 도입된 1999년 이후, 부동산을 중심으로 한 자산 가격의 상승세가 심화될 때 한은의 기준금리 인상이 불가피했던 사례를 확인할 수 있다. 대표적인 시기는 2001~2002년, 2005~2007년, 2010~2011년, 2017~2018년 및 2021년부터 현재까지다.

일반적으로 한국은행의 긴축적 통화정책은 부동산 자산 가격 상승세가 발현된 이후 진행되는 경향이 있다. 가계 자산의 70~80%를 차지하는 부동산 자산 비중을 고려할 때, 가계 자산 비중이 국내 경제에 미치는 영향력은 매우 중요하기 때문이다. 특히 서울을 비롯한 수도권의 주택 가격 상승세가 확인되고 지속될 경우, 한국은행은 통화정책 정상화 및 긴축 정책의 신호를 확대한다.

한은의 기준금리 인상이 되더라도 서울 및 수도권의 부동산 시장 가격 상승세는 대부분 지속되고 상승률이 일정 부분 축소되는 패턴이 일반적이다. 수도권 또한 서울과 거의 유사하다. 서울과 밀접한 지리적 특성을 고려하면 이해하기 용이하다. 금리 인상 국면에서 서울 및 수도권의 부동산 가격 하락 등 침체 국면이 펼쳐진 것은 2010~2013년이 유일하다. 2010~2011년의 한은 기준금리는 당시 역사상 최저 레벨이었던 2.00%에서 1년 만에 3.25%까지 상향 조정된 바 있다.

다만 이를 기준금리 인상에 의한 결과물로 해석하는 것은 큰 오류다. 광역시를 비롯한 비수도권에서 기준금리 3.25%로 상향된 2011년 주택 매매가는 10% 이상 급등한 바 있기 때문이다. 또한 2017~2018년의 한은 기준금리 인상은 서울 강남권을 타깃으로 한 정부의 부동산 안정화 정책의 연장선상에서 진행된 측면이 매우 강하다. 그럼에도 동 지역의 가격 상승세는 확대된 바 있다. 반면 광역시 및 비수도권은 문재인 정부 중반부인 2019년까지 미미한 상승세에 그쳤다.

시장금리 상승 국면에서는 수도권의 주택 가격 상승률 확대와 맞물리는 과거 데이터가 확인된다. 반면 국고채 금리와 광역시의 주택 매매가 흐름과는 상관성이 미약하다.

우리는 글로벌 금융위기 이후 연준발 일련의 통화정책 정상화를 이미 경험한 바 있다. 당시 연준의 긴축 정책이 글로벌 부동산 시장의 침체를 가져올 수 있다는 여론은 상당했다. 하지만 그 이후 한국 및 주요국의 부동산 시장은 어떠했는가? 가격 하락 우려에도 견조한 상승세는 지속된 바 있다.

1980년대의 폴 볼커 연준이 도래한다면 역사적인 기준금리 인상을 통한 물가 안정을 추구할 수 있겠지만, 현대 사회의 중앙은행 책무는 단순히 '물가안정'만을 추구할 수는 없다. 한국은행은 이와 함께 '금융안정'을 추구하며, 연준은 '완전고용'을 목표로 한다.

안정적인 경제 성장은 정책의 주요 목표다. 정책 목표의 다양화는 정책 결정의 일관된 방향성만을 중장기적으로 끌고 갈 수 없음을 직간접적으로 시사한다. 또한 신용 사회에서 신용은 다변화된 경제 주체의 삶의 형태와 욕구에 의해 활용될 수 있다. 이를 단일화된 잣대로 평가하고 판단해서는 안 된다.

포스트 팬데믹의 통화정책 정상화 및 시장금리 상승이 반드시 주택시장을 비롯한 부동산 시장의 악재로만 해석되지는 않을 것이다. 밸류에이션에 기반한 투자 환경을 더 정교하게 하는 경제 및 금융 환경의 변화로 판단하는 것이 적절하겠다.

미국과 한국의 주택시장 상관관계

팬데믹 발생 2년 만인 2022년 3월부터 미 연준의 기준금리 인상이 단행되었다. 미국 소비자물가 상승률은 8%를 상회하고 있기에 연준 입장에서는 막대하게 풀린 유동성 회수를 위해 자이언트스텝(giant step)인 75bp 금리 인상을 단행했다. 이와 함께 양적 긴축(QT) 정책 또한 동시다발적으로 진행하기 시작했다. 중장기화 인플레이션에 대응하고 경기 모멘텀의 확장세를 연장하고자 연준 기준금리는 2022년 말 2.75%, 2023년 상반기 말 3.25%까지 상향 조정될 것으로 전망한다.

기준금리의 급격한 인상은 금융 및 자산시장에서 요구수익률이라는 기준점이 크게 상향되는 것을 시사한다. 이 경우 기존 계산을 바탕으로 설정된 자산 가격 변동성은 확대된다. 금리 상승은 곧 할인율 상승이다. 이는 자산 가격 하락으로 이어질 개연성이 크다. 특히 유동성 측면에서 유가 증권 대비 현격히 떨어지기 마련인 비유동성 자산 부동산 가격에는 치명적일 수 있다.

'선(先)미국 후(後)한국'의 주택 가격 흐름

2021년 말 기준으로 S&P/CS(케이스 쉴러)의 미국 주택 가격지수는 278.52pt를 기록했다. 동일 시점의 KB국민은행 전국 주택 종합지수는 124.84pt를 나타냈다. 양대 지수의 절대 레벨은 상이하나, 양대 지수의 흐름을 살펴보면 한미 모두 주택 가격지수는 가파른 상승세를 시현했다.

한미 주택시장의 대표적인 공통점은 미국과 한국 양대 지수 모두 2021년 2월 이후 전년 동월 대비 10% 이상의 주택 가격 고공행진을 이어왔다는 것이다. 반면 상이한 점은 자국의 대내외 경제 및 금융 리스크를 극적으로 반영(1998년 한국 IMF 금융위기, 2008년 미국 리먼 사태 전후)한 경험이 잘 나타난다는 것이다.

글로벌 부동산 시장에서 미국의 주택시장은 경기와 자산시장의 대표적인 사례에 해당한다. 미 주택시장의 완만한 확장 국면은 1992~2006년과 2012년부터 현재까지의 기간이다. 주택시장의 확장 국면은 보통 15년 내외로 지속된 바 있다. 이를 대입하면 미국 주택시장 확장 국면은 여전히 진행형이다. 그리고 2026년 전후까지는 안정적인 상승 흐름이 진행될 것으로 예측 가능하다.

한국은 미국 주택시장 대비 2~3년 후행하는 패턴이 존재한다. 문재인 정부가 뒤늦게 3기 신도시 공급 의지를 보이고 있지만, 여러 행정적 절차의 지연 등을 고려해야 한다. 2027~2028년에 3기 신도시 입주를 확인할 가능성은 크지 않다. 이에 2028년 내외까지는 완만한 상승세의 한국 주택경기 흐름을 예상한다.

주택 가격 상승세를 제어할 수 있는 재료들

상승률 기준으로 한미 주택시장 지표의 동조화를 더욱 선명하게 확인할 수 있다. 2021년 말 기준, 미국 및 한국 주택 매매가격 지수의 전년 동월 대비 증감률은 각각 18.8%, 14.9%를 기록했다. 한국은 2002년의 16.4% 이후 최고치다. 미국은 재차 상승폭을 확대해 2022년 4월 20.4%의 상승률을 기록했다. 이는 역대 최고치였던 2021년 8월의 20.0%를 3개월 연속 상회하는 것이다.

1990년대 및 2000년 초중반까지 미국 주택시장 가격의 상승폭 확대 흐름을 고려할 때, 팬데믹 전후의 미 주택 수요 급증 및 공급 부족 여파에 의한 가격 상승 압력은 확대될 것이다. 관건은 인플레이션의 지속 기간이다. 이는 미 국채시장의 약세 요인으로 다가온다. 미 주택 수요자의 모기지 금리 급등으로 자본 활용도가 저하되어 주택시장의 접근성을 제약할 수 있기 때문이다.

주택시장 침체 국면의 특징

한국 주택 가격 하락은 노태우 정부의 200만 호 대규모 공급이 진행되었던 1991~1993년에 확인된다. 이는 통계치 작성 이후 최초 국면에 해당한다. 물론 이전에도 주택의 공급 탄력성이 낮은 점과 급격한 도시화 이후 냉온탕을 오고 가는 정부의 정책으로 가격의 상승 하락은 빈번히 발생해왔다.

그 후 전국적인 주택 가격 하락은 1997~1998년의 IMF 외환위기가 발생했을 때 극적으로 나타났다. 국가 경제의 존망을 다투는 시기였기에 국가 경제의 한 축이었던 자산시장의 급냉각은 불가피했다. 당시 부동산뿐만 아니라 대부분의 자산에서 투매가 발생했다. 한편 2004년의 제한적 주택 가격 하락은 김대중 정부의 공급 물량 현실화 및 노무현 정부 초반의 규제 강화책 집중에 따른 시장 심리 위축의 한시적 사례다.

팬데믹 이전 가장 큰 쇼크였던 리먼발 금융위기 이후 통화정책의 정상화 국면을 복기해보자. 당시 미 연준의 금리 인상이 진행될 때, 정상화 정책을 견딜 수 있는 경제 펀더멘털 인지에 대한 시장 참가자의 우려는 상당했다.

온고지신으로 대하는 정책 정상화 및 긴축

미 연준의 금리 인상은 특히 자산시장 가격의 하락 변동성에 대한 민감한 반응으로 즉각 이어졌다. 이 국면에 대한 경계심은 수많은 사람들의 자산시장 접근 의지를 차단했다. 그럼에도 리스크를 회피한 자와 수용한 자의 과실은 상이했다.

그 자산은 주식, 부동산 그리고 가상화폐 등으로 다양화되었다. 이후의 가격 전개 흐름은 결국 '투자 판단은 본인의 결정에 따라야 한다'는 평범한 진리를 깨닫게 해준다.

종합적으로 판단하건대, 2022년 이후 한국과 미국의 주택시장 흐름은 완만한 확장세가 이어질 것으로 예상한다. 매매가 상승 압력은 다소 완화되겠으나, 가격 상승 국면 확장은 충분히 가능하다. 팬데믹 이후 물가와 정책 변화 및 지정학적 리스크 등 다양한 요인이 부각되었음에도 안정적인 실물 경제 흐름은 이어지고 있다. 게다가 실물 경제의 대표적 주체인 가계는 그 구성원들이 정주해야 할 공간에 대한 니즈가 커졌다. 이것이 포스트 팬데믹의 현실이다.

대출 규제 완화와 가계부채라는 변수의 함수

가계의 총자산 증가세는 부동산 등 실물자산 규모 확대에서 주로 비롯되었다. 이 과정에서 금융부채의 증가세 또한 확인되었으나 실물자산 및 가계 총자산의 증가세와 동반하는 흐름이 확인된다.

대출 완화는 생각보다 느리게

윤석열 대통령은 대선 후보 시절, "집을 살 능력이 있는 사람이 사고자 할 때는 그 능력에 맞게 대출할 수 있도록 과감한 대출 규제를 완화하겠다"라고 공약했다. 인수위는 110대 국정과제를 통해 대출 규제의 정상화를 추진해 실수요자의 주거사다리 형성을 지원하겠다고 밝혔다. 이 발표 내용은 대선 후보 당시의 공약과는 상당히 비교된다.

현행 투기지역 및 투기과열지구의 LTV 40%, 조정대상지역 50%

의 대출 규제를, 주택시장 상황과 DSR 안착 여건 등을 고려해 합리화하는 방안을 마련하기로 했다. 지역과 무관한 LTV 70% 적용이 유력하며, 조정지역의 다주택자 경우에는 LTV를 30~40%로 완화할 수 있음을 내비쳤다. 생애최초 주택 구입 가구에게는 기존 60~70%에서 80%로 상향하는 것을 우선 추진하겠다고 했다.

이는 과도하게 설정된 대출 규제책을 한층 완화할 의사를 표명한 것이다. 하지만 공약 대비 기대치에는 못 미치는 것이 사실이다. 무엇보다 LTV 한도 완화는 진행될 수 있으나, 현재 규제지역의 15억 원 이상 주택에는 원칙적으로 대출 실행이 불가하되, 생애 최초 주택 구입자에 한해서만 조건하에 가능하게 변경되었다. 이에 관한 논쟁은 헌법재판소에서도 합헌 여부를 따지는 사안이며, 관련된 언급은 아직 공식적으로 나오지 않았다.

DSR 규제는 유지하기로 한 것으로 보인다. 세부적으로는 청년층의 미미한 소득에 대한 보정 작업이 반영될 수 있다고 한다. 다만 금융권 입장에서는 확실치 않은 장래 수익에 대해 보수적 판단으로 대응할 것이다.

문재인 정부와 윤석열 정부의 인사권 문제에서 그나마 이견이 적었던 인사는 한국은행 총재 선임이었다. 이창용 전 IMF 아태국장은 인수위 진행 과정에서 한은 총재로 취임했다. 인플레이션 시대가 도래한 가운데, 한은 총재는 가계부채 이슈를 강하게 제기했다. 향후 성장의 발판 마련에 해가 될 수 있는 부채 문제의 리스크를 사전적으로 예방하고자 함이다.

그만큼 정부 및 통화당국의 부채에 관한 민감도는 재차 높아졌다. 코로나 이후 부채의 급증과 자산 가격의 상승에 의한 여러 경제적·사회적 문제의 불씨가 될 수 있기 때문이다.

작금의 인플레이션 요인은 복합적이다. 금리 인상으로 즉각적인 물가 통제가 가능하지 않다. 이미 한국은행은 2021년 8월 이후 1년도 채 되지 않은 2022년 상반기 말까지 기준금리를 1.75%까지 상향 조정했다. 그럼에도 물가 상승세는 더 가팔라졌다. 물가 안정화까지 금리를 올릴 여건은 지속될 것이다. 경제 주체의 부채 의존 심리를 제어하기 위해 가계부채 관리 의지를 공개 표명한 것이라고 본다.

가계부채가 향후 부동산에 미칠 영향력

가계부채 급증 이후 부채발 위험 요인에 의한 자산 가격 조정 가능성은 시장 참가자들 대다수가 바라지 않는 시나리오에 해당한다. 반면 자산 가격의 버블 통제 및 제거를 위해서는 기준금리를 올리는 동시에 버블 제거의 필요성이 있음을 강조하는 집단도 분명 존재한다. 문재인 정부의 경제부총리를 비롯한 정부 당국은 후자의 입장에 가깝다.

민간 신용(가계+비금융기업)의 레버리지 활성화는 팬데믹 이전부터 재개되었고, 팬데믹 이후 가속화되었다. 한국의 경우, GDP(국내총생산) 대비 민간신용 비율은 220.4%(2021년 3분기 기준)를 기록 중이다.

미국 159.6%, 독일 130.7%, G20 166.1% 등 주요 경제 주체 대비 한국의 동 비율은 상당히 높은 편임에 틀림없다. 프랑스는 한국보다 높은 231.3%를 기록했다.

팬데믹 전후의 민간신용 레버리지 비율의 특징은 다음과 같다. 대다수 국가들은 디레버리징을 진행한 후 보합 또는 최근 상승 전환을 하고 있는 반면, 디레버리징이 원활하지 않은 일부 국가에서는 팬데믹발 레버리징이 상당히 가파르게 진행되었다. 한국은 후자에 해당하며, 특히 팬데믹 전후의 민간신용 레버리지 비율 증감 폭은 압도적이었다. 2019년 말 대비 2021년 3분기까지의 동 비율 변동 폭은 한국이 24.2%p를 기록하면서 선진국 평균 4.0%p 대비 약 6배 빠르게 진행되었다.

민간신용 레버리지 측면에서 볼 때, 성장 대비 부채 급증의 우려를 부인할 수는 없는 상황이다. 위험 요인에 대한 경시는 향후 경제 및 자산시장에 커다란 부메랑으로 돌아올 수밖에 없다. 다만 세부적으로 살펴볼 때 레버리지 활용이 비단 가계만의 문제인지, 자산시장의 조정을 야기할 핵심 요인인지에 대한 판단도 분명 필요하다.

민간신용 중 가계부채만을 따로 분류할 때, GDP 대비 가계부채 비율은 한국 106.7%를 기록 중이다. 호주 119.3%, 캐나다 108.8% 등은 한국보다 높은 비율을 나타내고 있고, 영국 87.7%, 미국 78.5% 등은 한국보다 낮다. 호주의 동 비율은 2019년과 비슷한 수준으로 팬데믹 전후로 현 레벨에서 등락했다. 반면 한국은 팬데믹 기간 동안 11.7%p 급등했으며, 동 추세 유지 시 5년 이내에 호주를 역전할 수도 있는 상황이다.

민간신용 레버리지의 팬데믹 기간 변동 폭은 총 24.2%p를 기록 중인데, 가계부채의 기여분은 11.7%p이며, 기업부채의 기여분은 12.7%p로 가계 대비 더 높다. 기업의 디폴트 리스크도 매우 안정적이다. 가계 연체율 또한 최저 수준인데도 가계부채에 대한 경고음이 더 크다는 점은 시사하는 바가 크다. 기업부채는 경영 운영보다는 생산을 위한 재원 조달 측면이 크다는 판단이 작용하고 있으나, 가계부채는 생활비 차원을 넘어 자산 형성을 위해 부채가 활용된다는 입장이 강하게 반영되었다. 인식의 변화가 필요하다고 말하는 것은 아니다. 주어진 환경이기 때문이다.

2021년 통계청의 가계금융복지조사에 의하면 국내 가구의 평균 자산은 5.03억 원이다. 이 중 77.5%의 비중을 차지하는 것은 부동산 중심의 실물자산이다. 평균 실물자산은 3.89억 원으로, 금융자산의 1.13억 원을 기록했다. 자산시장 호조세로 말미암아 2020년 대비 금융자산 7.8%, 실물자산 14.4%가 급등한 것으로 평가되었다. 이에 따라 전체 가구의 총자산 또한 전년 대비 12.8% 증가했다.

총자산 중 금융자산과 실물자산의 구성비를 통해 살펴본 결과, 실물자산은 금융자산 대비 약 3.4배 이상의 자산 규모가 형성되어 있음을 확인할 수 있다. 금융자산 대비 실물자산의 배율은 최근 5년간 빠르게 상승했는데, 이는 금융자산(최근 5년 연평균은 +3.3%)보다 실물자산 평가액(최근 5년 연평균 7.8%)의 상승률이 더 높았기 때문이다. 그만큼 가계 자산 중 주택 등 부동산 자산의 중요성은 간과할 수 없다. 총자산과 금융부채의 동일 기간 연평균 상승률 또한 실물자산과 거의 동일하게 모두 약 7.8%를 기록했다.

즉 가계의 총자산 증가세는 부동산 등 실물자산 규모 확대에서 주로 비롯되었다. 이 과정에서 금융부채의 증가세도 나타났으나, 실물자산 및 가계 총자산의 증가세와 동반하는 흐름이 확인된다. 이와 같은 흐름에 못 미치는 것은 금융자산이다. 금융자산보다 실물자산이 가계 자산 형성에 더 유의미하게 작용했음을 잘 반영하는 대목이다.

부채의 증가는 자본주의 신용 경제 사회에서 필수적으로 수반되지만, 부채의 질 저하는 최대한 사전적으로 예방해야 한다. 현재 자산 건전성 측면은 좀 더 개선되는 상황이다. 결국 가계 자산 형성은 시장 참가자 본인이 판단해야 할 영역이다. 타인과 언론에서 언급되는 내용으로 자신과 가족의 운명을 맡겨서는 안 될 것이다.

비욘드 밸류에이션,
새로운 수요층이 주인공

서울의 1인 가구 수 증가 속도는 특히 가파른 편이다. 서울의 2020년 총 가구 수가 8.5만 가구 증가한 가운데 1인 가구는 9.1만 가구 증가했다. 같은 기간 2인 이상 가구 수가 0.6만 가구 감소한 것과는 대조적이다.

2020년 기준 우리나라의 전국 총 가구 수는 2,092.7만 가구로 집계되었다. 이는 2015년 1,911.1만 가구 대비 181.5만 가구 증가한 수치이며 연평균 36.3만의 새로운 가구가 형성되고 있다.

우리나라의 전국 총 가구 수는 2020년 한 해에만 58.3만 가구나 급증했다. 2016년도에 1.34% 수준이었던 연간 증가 추이는 2018년 1.55%, 2020년 2.87%로 가파르게 증가하며 근래 들어 더욱 가속화되는 중이다.

지역별로는 서울 398.2만 가구, 경기 509.8만 가구, 6대 광역시 521.2만 가구, 기타 지역 663.3만 가구를 기록하고 있다. 이와 같은 추세가 지속될 경우에는 022년 연간 서울 10만 가구, 경기 20만 가구, 광역시 15만 가구 이상의 신규 가구가 추가될 것으로 추정된다. 또한 이러한 가구 수의 증가는 새로운 주거 공간의 필요성을 지지한다.

수요 증가의 원천인 가구 수

중요한 사실 한 가지는 서울의 신규 가구 중 다수가 부동산 시장의 잠재 수요층인 무주택 가구라는 점이다. 서울은 2020년 한 해 동안 8.6만 가구가 신규 발생했다. 그중 유주택은 3.3만 가구인 반면, 무주택은 5.3만 가구로 집계되었다.

최근 3년간 서울의 유주택 대비 무주택 가구 연증감 격차는 누적 6.3만 가구에 달한다. 반면 경기도는 2017년 이후 무주택 대비 유주택 가구 수의 증가세가 더 우세하다.

전국 유주택 가구의 비중은 2016년 55.47%에서 2020년 56.05%, 경기도의 유주택 가구 비중은 55.01%에서 2020년 55.76%로 일정 수준을 유지하고 있다. 반면 서울의 유주택 가구 비중은 2016년 49.25%에서 2020년 48.42%로 점차 감소하는 양상을 보인다. 이러한 추세속에서 서울의 신규 가구 발생 속도는 가파르게 증가하고 있다. 이는 신규 부동산 시장의 잠재 수요층으로 판단된다.

주인공은 1인 가구

1인 가구는 이제 메이저 가구의 형태로 자리잡았다. 2020년 기준, 전국 2,092.6만 가구 중 1인 가구는 664.3만 가구로, 총 31.7%의 비중을 차지한다. 2019년 대비 2020년 총 가구 수는 58.3만 가구가 증가했다. 그중 1인 가구의 연간 증가 수는 49.6만 가구에 달한다. 전체 가구 수 증가 대비 1인 가구 수 증가 비중은 2017년 72.2%, 2018년 75.3%, 2019년 82.1%, 2020년 85.0%로, 급격한 증가 추세가 이어지고 있다.

이는 신규 1인 가구의 분화에서 발생한 것으로 추정 가능하다. 2000년도 15.5%에 불과했던 1인 가구의 비중은 가파른 증가세를 시현 중이다. 1인 가구는 2005년 20.0%에서 2015년 27.2%, 2019년 30.2%, 2020년 31.7%까지 확대되는 상황이다.

주거 형태로 아파트를 희망하는 1인 가구가 늘어난다는 점도 주목할 만한 부분이다. 전국의 2인 이상 가구 수는 연간 1%를 하회하는 증가세를 보이는 반면, 1인 가구는 2019년 5.1%, 2020년 8.1%로 가파른 증가세를 보이고 있다.

또한 1인 가구의 아파트 거주 연간 증감률은 1인 가구 연간 증감률을 상회하고 있다는 점에 주목할 필요가 있다. 2020년 1인 가구의 아파트 거주 증감률은 10.2%를 기록하며 1인 가구의 증감률 8.1%를 압도하는 상황이다.

그중에서도 서울의 1인 가구 수 증가 속도는 특히 가파른 편이다.

서울의 2020년 총 가구 수는 8.5만 가구 증가했다. 이 가운데 1인 가구는 9.1만 가구 증가한 반면, 같은 기간 2인 이상 가구 수는 0.6만 가구 감소했다. 경기도의 2020년 총 가구 수가 19.1만 가구 증가한 가운데 1인 가구가 11.5만 가구 증가하고, 2인 이상 가구가 7.6만 가구 증가한 것과는 대비되는 현상이다.

심각한
물량 공급 부족

2018년 이후 착공 물량의 반락은 최근 입주 물량 감소의 주된 원인이었다. 주택난은 지방 대비 수도권의 상황이 녹록지 않다. 최근의 지역별 차별화 흐름은 향후 지역 불균형을 야기할 수도 있다.

최근 10년간 2015년의 인허가와 2016년의 착공, 2018년의 준공 물량이 각각 최고치를 기록한 바 있다. 그 이후부터는 각 공급 단계마다 지속적인 감소세에 있다.

전국 아파트 입주 물량은 소폭 증가하나, 수요 충족에는 못 미칠 것으로 예상한다. 2022년 전국 아파트 입주 물량은 26.7만 호로 집계되었다. 2021년 25.1만 호 대비 소폭 증가했으나, 2020년 29.3만 호 대비 약 10%가량 감소한 수치다. 최근 10년간 연평균 아파트 입주 물량이 27.6만 호로 산출되는 가운데, 2021~2022년 2년간 연속 평균치 하회 현상이 지속될 것으로 예상한다.

입주 및 준공

2023년에는 전국적으로 공동주택이 29.6만 호 입주하면서 일시적으로나마 공급 부족이 해소될 전망이다. 다만 그 영향력은 지역별로 한정적일 것이다.

2021년 대비 2022년의 서울 및 기타 지역의 입주 물량은 감소하나 경기, 인천 및 광역시에서 소폭 증가할 전망이다. 이러한 흐름은 2023년까지 이어지지만, 이마저도 2023년 이후에는 확인하기 쉽지 않을 것이다.

2022년 한 해 동안 준공 물량 감소의 여파는 더 뚜렷해질 것이다. 2021년 말 기준, 전국 준공 누적 물량은 43.1만 건을 기록했다. 2020년의 47.1만 건 대비 4만 건 감소한 수치다.

최근 10년 연평균 준공 건수는 47.8만 건이다. 2017년과 2018년에는 연평균 60만 건의 준공을 기록한 후, 매년 5만~10만 건 내외씩 감소세가 나타나고 있다.

2021년이 준공 건수는 2018년이 62.6만 건 대비 68.8% 수준이다. 이는 순차적 현상으로 공급 지표 감소세가 더욱더 명확해지고 있기에 향후 준공 및 입주 물량 감소 가능성을 강하게 시사하는 대목이다.

2021년의 준공 건수 감소는 경남 -50.7%, 전북 -48.4%, 충북 -43.8% 등에서 견인했다. 반면 인천은 전년 대비 75.8% 급등한 바있다.

인허가 물량

이미 빠듯해진 인허가 물량은 새 정부의 출범 이후 턴어라운드 (turnaround) 여부가 확인될 것으로 보인다. 2021년의 전국 인허가 건수는 54.5만 건 집계되어, 2020년 45.8만 건 대비 9.7만 건 증가하며 마무리되었다. 최근 10년간 전국 연평균 인허가는 57.3만 건을 기록했다.

최근에는 택지 부족 등에 의한 감소세가 이어지고 있다. 2021년에는 전년대비 9.7만 건 증가했지만, 2017년의 65.3만 건 이후 평균치 하회 현상은 지속되는 상황이다. 이는 인허가 건수 기준으로 최고치를 기록한 2015년의 76.5만 건 대비 58.5%에 불과한 수준이다.

줄어든 인허가 물량은 2019년도 이후의 준공 및 분양 물량 감소로 이어졌다. 과거 정권별 연평균 인허가 건수를 살펴보면, 박근혜 정부 61.2만 건, 문재인 정부 52.0만 건, 이명박 정부 45.5만 건으로 확인된다.

주택 착공 물량

현재 주택 착공 물량은 바닥 다지기 국면을 지나 2022년 소폭 증가할 것으로 전망한다. 2021년 말 기준, 전국 착공 물량은 58.4만 건을 기록했다. 2020년의 52.6만 건 대비 5.8만 건 증가한 수치다. 최근 10년간 연평균 착공 물량은 53.9만 호다. 다만, 물가 급등에 의한 원활한 착공 진행 가능성은 지켜봐야 할 부분이다.

2018~2019년 2년 연속 평균치를 하회한 이후, 정부의 공급 정책 추진이 확인되면서 반등을 시도 중이다. 이에 최근 2년 연속 50만 호를 상회하고 있다. 최고치를 기록한 착공 건수는 2015년의 71.7만 건이다. 2021년 건수는 최고치 대비 70% 수준을 소폭 상회한다.

2018년 이후 착공 물량의 반락은 최근 입주 물량 감소의 주된 원인이었다. 이전 기간에 벌어진 인허가 물량 감소의 연쇄 효과가 이어진 것이다.

수도권의 착공 물량은 전년 대비 5~30% 감소세로 전환했다. 반면 대전, 세종, 강원, 전북 및 경북 등은 전년 대비 착공 물량이 급등했다. 주택난은 지방 대비 수도권의 상황이 녹록지 않다. 최근의 지역별 차별화 흐름은 향후 지역 불균형을 야기할 수도 있다.

미분양 물량

미분양 물량이야말로 전국적인 주택시장의 침체 가능성이 극히 제한적임을 나타내는 대표적 지표에 해당한다. 2021년 전국의 미분양 물량은 1.77만 호로 마무리되어 2020년의 1.90만 호 대비 약 1,300호 감소했다. 다만 최근 지방의 분양 실적이 부진한 지역이 발생해 2022년 3월 말 기준 2.79만 호로 증가했으며, 매월 약 10% 내외로 증가하고 있다.

전국의 미분양 물량은 글로벌 금융위기 전후 시점(2007~2009년)에는 연평균 약 13.3만 호를 기록했다. 글로벌 금융위기와 팬데믹 모두 외생 변수에 의한 리스크 발현이라는 공통점이 있다. 주택시장의 미분양 물량은 동일한 리스크에도 불구하고 2008년 당시 대비 15~20% 수준에 머물고 있다.

2020년 기존 주택 매매량 급등에 의한 주택 매수세 확대는 2019년 대비 2020년의 미분양 물량을 39% 수준으로 급감시킨 바 있다. 2021년 또한 전국적인 부동산 시장 호황으로 미분양 물량을 꾸준히 감소시켰다. 대구와 경기 등 일부 지역을 제외하고는 여전히 미분양 물량은 제한적 수준에 그치고 있다. 분양시장 분위기가 좋지 않은 일부 지역의 흐름이 전국화되지 않는다면, 미분양에 의한 주택시장의 충격 가능성은 상당히 제한적일 것이다.

> 사회적 현상을 특정한 틀 안에서 규정하는 것은 일반적이나, 완벽한 틀은 절대 아니다. 그럼에도 이를 규정하는 것은 다수의 사람들에게 보다 쉽고 설득력 있게 다가가기 위함이다. 주거용 부동산은 네 가지의 정량적 지표와 한 가지의 정성적 지표를 통해 접근할 수 있다. 전자는 직주 근접, 교육 및 학군, 자연환경, 교통 편의성이다. 후자는 투자 가치다. 이를 JENTI 부동산 투자전략이라고 한다. 모든 것을 완벽히 갖춘다면 누구나 원하는 지역의 원하는 주택 형태일 것이다. 하지만 이 또한 시간이 지나면 변하기 마련이다. 그리고 대다수의 사람은 완벽한 부동산을 향해 가는 것이 인생의 경로이기도 하다. 서울 및 수도권에서는 JEN에 집중하자. 직주 근접이 최우선이며, 교육 환경이 우수하다면 투자성 또한 우수하다. 복잡한 수도권에서는 쾌적한 생활 여건을 조성할 자연환경의 중요성이 더욱 강조된다. 비수도권에서는 ET가 우선시된다. 서울이 아니기에 교육 환경이 가장 중요하다. 그리고 비수도권은 서울만큼 도심의 핵에 대한 의존도는 높지 않다. 이는 곧 다양한 지역으로 움직일 수 있는 교통 편의성에 대한 니즈가 크다는 점을 의미한다.

5장

반드시 기억해야 할
JENTI 부동산 투자전략

J : Job-Housing
Proximity(직주 근접)

출퇴근의 압박에서 한층 자유로워진다면 이는 행복한 일상을 영위할 전제 조건이
일정 부분 달성되는 것이다. 적정 시간 내에 여유로운 출퇴근이 우리 일상을 여유롭
게 하는 제1의 가치임에 주목하기를 바란다.

    직장 또는 사업장과 주거지는 가까우면 가까울수록 해당 주거지
의 부동산 가치는 높아질 가능성이 크다. 반면 주거지만 동떨어져
있거나, 거리가 멀면 멀수록 그 부동산 가치의 유용성은 높지 않다.
'직주 근접'을 뜻하는 'Job-Housing Proximity'는 부동산의 주요
수요자인 경제활동인구의 제1부동산 가치 평가 요인이다.

    부동산의 종류별 구분은 일반적으로 공동주택, 연립주택, 단독주
택 등의 주거용 부동산과 오피스, 공장, 오피스텔, 근린 생활 상가 등
의 상업용 부동산으로 나누어진다. 또한 농업용 생산을 위한 토지,
산림, 공원 등도 존재한다. 국내에 위치한 토지는 절대다수가 용도

지역으로 구분되는데, 부동산의 성질에 적합한 유형을 행정적으로 구분하고 이를 강제하는 역할도 한다.

주거와 업무의 근접이 가장 중요한 이유

급속도로 도시화한 한국의 현 주거 상황은 제한된 면적에 상당히 밀도가 높다. 일상생활을 영위하기 위해 일터로 나가고, 그 일터에서 얻은 수입으로 가정의 살림살이를 꾸려나간다. 주거지에서 근무지로 출근하고, 근무지에서 주거지로 퇴근하는 삶은 일반적이다.

한국에서는 일반적으로 출퇴근 상황이 유독 심각하다. 그래서 '출근 전쟁', '퇴근 전쟁' 등 출퇴근을 '전쟁'이라는 극단적 단어와 결부해서 언급한다. 일상이 전쟁과 같다는 것이다. 출근길에 전쟁을 한바탕 치르고 난 직장인과 비즈니스맨은 정작 본업에 나설 때 이미 체력을 소진한 상태다. 퇴근길 전쟁은 바닥난 체력의 끝이 어느 정도인지 매일 테스트하는 과정이다. 가정에 돌아오면 가족과 함께 시간을 보내고 싶은 마음과는 달리 이미 몸은 침대와 소파에 붙어 있다.

그래서 주거용 부동산 가치의 1순위는 직주 근접이 되어야 한다. 주거용 부동산과 직장이 위치한 상업용 부동산의 공존이 불가능한 것은 아니지만 매우 제한적 사례에 불과하다. 또한 한국인의 특성상 대단지의 주거 단지를 선호하기 때문에 별개의 입지에 있다고 봐야 한다. 따라서 직장 또는 사업처가 주거지에 가까우면 가까울수록 경제 주체에게는 매우 유의미하다.

대도시의 업무 지구에 가까운 주거지를 찾아야 할 때

지난 2022년 3월에 발표한 서울특별시의 〈2040 서울도시기본계획〉을 토대로 직주 근접의 제1요인에 부합하는 지역을 선별해보자.

서울 도심, 여의도 및 강남의 3도심 체제는 유지하면서도 그 기능을 고도화하기로 했다. 수변 중심으로 도시공간을 재편하고 남북 4대축과 동서 방향의 글로벌 산업축의 '4+1축'을 중심으로 서울 도심 전체를 활성화하기로 했다. 19개 중심지(7광역중심, 12지역중심)를 산업과 연계하고 집중적으로 육성해서 4대 신성장 혁신축을 활성화할 수 있는 주요 거점으로 만들기로 했다.

3대 도심은 그대로 유지되는데, 핵심 대단지 주거지는 강남이 압도적으로 많다. 이는 앞으로도 강남구, 서초구 및 송파구 주거지의 위상이 더 견고해질 수 있음을 보여준다. 재건축 활성화가 불가피하기에 주거지로서 여의도의 명성 회복 가능성은 한층 제고될 것이다. 서울 도심은 주거지보다는 국가 중심축, 복합 문화축 등 도심 전체의 활성화에 방점이 찍히므로, 기존 주거지의 희소성이 부각되면서 도심지 주거지의 매력이 높아질 수 있다.

3대 도심의 정중앙에 위치한 용산을 필두로 마포, 성수, 흑석 및 노량진 등 전통적으로 우수한 입지의 주거지 가치는 직주 근접이라는 요소에 좀 더 부합될 수밖에 없다. 용산은 용산공원 주변과 철도창 기지의 개발이 가속화되고 있다. 한남 재개발 구역의 진행은 용산의 매력 그 자체를 강남에 버금가게 만들 요인이다. 3대 도심 정중앙에 새로운 대규모 주거지가 형성되는 미래는 창창하기 그지없다. 신축 주거지로서 마포의 입지 상향을 목도했기에 성수, 흑석 및 노량진 등의 진행형인 재개발은 직주 근접의 질적인 발전으로 이어질 수 있을 것이다.

3대 도심 안팎의 지역이 아닌 곳은 3대 도심과의 접근성이 좋을수록, 그리고 4대 신성장 중심축에 가까울수록 유리하다. 각 경제 주체의 삶의 터전과 부합한다면 가치뿐만 아니라 가족과 본인 삶의 만족도 제고는 당연히 수반될 것이다. 출퇴근의 압박에서 한층 자유로워진다면 행복한 일상을 영위할 전제 조건이 일정 부분 달성되는 효과를 누릴 수 있기 때문이다.

이와 같은 기본 원리는 서울이 아닌 6대 광역시와 수도권의 주요 도시에도 비교적 부합한다. 워라밸의 중요성은 이제 기본적인 경제적 생활의 덕목이다. 적정 시간 내에 여유로운 출퇴근이 우리 일상을 여유롭게 하는 제1의 가치임에 주목하기를 바란다.

E : Education/ School District(교육/학군)

2021년부터 국내 인구는 감소세로 전환했다고 추산한다. 학령기 인구가 줄어들고 있다. 그럼에도 불변의 부동산 키 팩터인 E에 해당하는 교육 환경과 학군은 언제나 고려해야 할 요인임을 잊지 말자.

교육 환경과 학군은 두말할 필요도 없이 중요한 부동산 선택의 키 팩터(Key Factor)다. 자녀를 가진 부모의 입장에서는 부모 본인보다 자녀를 위해서라면 무엇이든지 해주고 싶은 마음이라는 데는 이견이 없다.

자녀에게 우수한 교육 환경을 제공할 수 있다면 부모는 장거리의 출퇴근도 마다하지 않는다. 불편한 주거 환경의 거주조차 용인하고자 한다. 부모들끼리 종종 말하는 "10년, 15년만 참자"라는 말이 괜히 나온 것이 아니다.

다만 동 요인의 중요성은 직주 근접(Job-Housing Proximity)에 준하나, 교육 환경 및 학군의 중요성을 몸소 체험할 대상은 직주 근접 대비해 적은 편이다. 그 이유는 1~2인 가구의 급증 때문이다. 대상 수가 적다면 영향력 또한 크지 않다고 볼 수 있다. 증여, 상속 및 사업 요인에 의해 비경제활동인구가 부동산을 취급하는 것은 극히 이례적이다. 결국 부동산 시장은 주로 경제활동인구와 은퇴한 고령자들에 의해 움직이기 마련이다. 경제활동인구 중 미혼자, 자녀가 없는 부부, 자녀가 장성한 노령 인구에게 교육 환경 및 학군은 투자의 고려 대상이지 실거주의 필수 요건은 아니다.

교육 주체의 구분에 따른 차별적 영향력

교육 환경 및 학군은 공교육과 사교육으로 구분해서 살펴볼 필요가 있다. 먼저 공교육 측면에서는 '초품아'가 선호된다. 초등학교를 품은 아파트 단지를 뜻하는 '초품아'는 부모들에게 언제나 1순위 고려 대상이다. 자녀가 안전하게 통학할 수 있다면 그보다 심리적 안정을 가져올 수 있는 요인은 없을 것이다. 그리고 통학의 안전이 일정 부분 보장된다면, 그에 따른 경제적 지출로 대응해야 할 사안들도 줄어들 가능성이 높다.

초품아에 이어 중고등학교의 학업 성취도도 중요하다. 과거와는 다르게 명문고에 대한 수요는 중학교에서부터 판가름나기 마련이다. 고등학교 교육과정과 대학 입시는 정권의 정책 성향에 따라 변화가 두드러지는 편이다. 그에 비해 중학교 교육과정은 어느 정도 고입 및 대입을 준비할 시간이 있다. 자녀의 대입 성공을 위한 척도는 중학교에서 일정 부분 확인되기 때문에 명문 중학교에 근접한 주거지의 선호도는 한층 높아질 것이다.

다음으로는 사교육 측면이다. 이제는 학교보다 학원이 중요한 사회가 되어간다. 놀이터와 운동장 대신 학원 교실과 스포츠 학원에서 아이들의 학습과 놀이가 병행된다. 학원에서의 성적은 향후 학원 경력을 결정짓는 대표적 지표가 되었다. 이를 안타까운 현상으로 보는 것 또한 필자도 이미 기성세대에 진입했음을 보여주는 대목이다.

학원이 형성된 지역은 균질화된 경제적 여력을 보여주는 주거지 성격을 반영한다. 대표적으로 서울 강남구 대치동, 양천구 목동 및 노원구 중계동이 균질화된 학원 밀집 주거지역이다. 서울 서초구 반포동, 마포구 아현동 일대, 부산 동래구 사직동 및 광주 남구 봉선동 등은 주거 환경 변화로 말미암아 신흥 학원가로 부상했다. 물론 학원가에도 그 위계서열은 분명히 있다.

대도시보다 중요한, 중소도시의 교육 환경 및 학군

교육 환경 및 학군은 서울, 부산 등 주요 대도시보다 지방의 중소도시에서 더 중요한 부동산 선택 결정 요인이다. 기타 지방 지역에서는 대도시 대비 인구 밀집도가 덜하다. 그만큼 주거지 선택의 부담감이 크지 않다. 각 경제 주체가 선호하고 중요시하는 요인에 따라 비교적 편한 의사결정이 가능하다. 하지만 자녀의 본격적인 학령기가 도래하면 달라진다. 결정 요인은 단일화되기 마련이다. 우수한 지역 학생들이 모이는 학원가로 수렴하게 된다.

2021년부터 국내 인구는 감소세로 전환했다고 추산한다. 경제활동인구 또한 추세적 감소세는 불가피하다. 혼인율 하락에 따른 출산율 감소는 자연스러운 사회적 현상이나 그 속도가 매우 우려된다. 학령기 인구가 줄어들고 있다.

대상 수요가 감소한다 해도 교육 환경에 대한 중요성 자체가 저하되는 것은 절대 아니다. 인기 종목 여부를 떠나 메달리스트가 되는 것은 피나는 노력 없이 쉽게 성취할 수 없다. 이처럼 학령 인구 수가 줄어든다고 해서 서울대를 비롯한 명문대 진학이 쉬운 것은 절대 아니다. 오히려 당사자에게는 더 많은 노력을 기울여야 하는 시대일 수 있다. 불변의 부동산 키 팩터인 E에 해당하는 교육 환경 및 학군은 언제나 고려해야 할 요인임을 잊지 말자.

N : Nature
(자연환경)

이미 존재하고 있으나 아직 그 가치가 발현되지 않은 주위 자연환경에 주목하자.
이러한 지역의 가치는 높아질 수 있기에 투자와 일상의 만족도가 동시에 충족될
수 있을 것이다.

다양한 여가생활은 일상의 비타민과 같다. 골프에 이어 테니스,
승마 등 멀게만 느껴지던 취미활동이 빠르게 대중 속으로 퍼지고 있
다. 코로나가 가져온 변화다.

여가생활 중 가장 폭넓은 사랑을 받는 것은 등산이 아닐까 싶다.
우리나라는 전 국토의 70% 이상이 산이다. 전국 각지에 산이 없는
지역은 없다고 봐도 무방하다. 주말이면 산으로 향하는 하이킹 행렬
이 끝없이 이어지는 모습은 우리가 얼마나 자연 속 일상을 갈망하고
있는가를 여실히 보여준다.

이를 주거에 접목하면 극적 반전이 이어진다. 산 중턱에 우뚝 솟

은 아파트 단지와 산 비탈길의 오래된 주택은 우리가 쉽게 살펴볼 수 있는 주거 환경이다. 흔하지만 선호하는 주거지는 아니다. 앞서 언급한 '출퇴근 전쟁' 이전에 경사지를 오르내려야 하며, 언덕과 산에는 학원 밀집을 통한 학군지 형성이 잘 안되기 때문이다. 과거 부동산 전문가라는 인사들의 경제 방송 중에서 인상 깊었던 말이 있다. "공기 좋은 곳 타령할 거면 설악산, 지리산 주변으로 이사 가세요!" 틀린 말은 아니다.

일상에서 자연 속으로

팬데믹의 장기화는 일반인의 생활양식과 인식의 변화를 촉발했다. 주거 공간의 쾌적성 확보를 이처럼 희망한 적이 있었나 싶다. 번잡한 도심 선호도는 희석되는 동시에 자연 속 일상의 영위를 희망하게 된 것이다. 그렇다고 여전히 비탈진 곳의 공간 선호도가 일괄적으로 높아진 것은 아니나, 자연환경 요인을 선택지에 올려두게 된 것은 큰 변화다.

2021년 3월 부동산 플랫폼 '직방'의 설문 조사에 의하면 주거 공간 선택 시 1순위 요건으로 '쾌적성 – 공세권, 숲세권'이 선정되었다. 공동 1위로는 발코니와 테라스 등의 서비스 여유 공간이 함께 뽑혔다. 양자 모두 31.6%의 답변을 기록했다. 이는 쾌적한 자연환경과 여유로운 서비스 공간이 함께 있는 주거 공간의 필요성이 빠르게 높아졌음을 시사한다. 안전함과 동시에 심신의 건강에 대한 인간의 욕구가 투영된 결과다.

이를 반영한 정부 및 지자체 행정정책의 변화도 이미 감지되고 있다. 서울시는 〈2040 서울도시기본계획〉에서 '수변 중심의 공간 재편'을 천명했다. 시민의 삶의 질을 높일 대표 공간으로 판단했기 때문이다.

앞으로 자연환경 선호도는 한층 높아질 것이다. 선진국형 라이프스타일이 빠르게 스며들고 있는 데다 과거와 같이 밀집된 공간의 삶만이 주요 선택지로 남아있는 사회에서 한층 진화될 것이기 때문이다.

주거용 부동산뿐만 아니라 상업용 부동산에서도 리버뷰, 오션뷰가 가능한 부동산 가치는 차별적인 수준의 평가를 받고 있다. 서울의 한강, 양재천 및 청계천 주변, 부산의 해운대, 광안리 및 온천천 주변 등이 대표적 지역이다. 용산공원, 서울숲 및 경의선 숲길공원 등 파크뷰와 다양한 마운틴뷰가 가능한 입지 또한 한층 높은 가치로 재상승하는 중이다.

단순한 경치 조망만이 아니라 보행 중심 공간 재편 및 편리한 접근성도 수반되어야 한다. 일상생활 공간과 단절되어 접근이 어려운 대표적 예가 산 중턱에 위치한 공동주택 등의 주거 형태였다. 해당 주민에게만 편리성이 확보된다면 부동산 가치 증진과는 거리가 멀다.

내 삶의 만족도를 제고하는 부동산의 가치

정부는 도심 속 시민의 쉼터 확보에 그 어느 때보다 노력을 기울이며 정책을 펼치고 있다. 그 노력의 결실은 가시적으로 바뀔 수밖에 없다. 자신만의 3D 지도를 가져야 한다.

'청계고가가 철거될 때 왜 청계천의 변화를 미리 몰랐을까?', '개포동의 천지개벽 이전에도 구룡산, 대모산은 그 자리에 있었는데 왜 그 풍광을 미처 몰랐을까?'라는 생각을 한다면 다음 기회는 잡아야 한다.

직주 근접이 가능한 위치에서 우수한 교육 환경이 확보된 입지의 부동산에 대한 선호도는 이미 확고하다. 우리나라가 경제 강국으로 올라선 만큼 각 경제 주체는 만족스러운 나 자신의 생활 패턴을 희망하고 있다. 직장 또는 사업체, 자녀의 교육 환경과 더불어 나 스스로가 원하는 삶의 형태인, 여유롭고 평안한 일상을 쾌적한 자연환경 속에서 누릴 수 있는 시대로 변화하고 있다.

주말에만 일상이 존재하는 것이 아니다. 내가 원하면 언제라도 누릴 수 있는 것이 진정한 일상이다. 그에 맞는 환경을 갖춘 부동산 입지에 그 어느 때보다 관심을 가질 시점이 도래했다. 누구나 원하는 쾌적한 자연환경이 갖추어진 곳에 대한 가치는 더욱 높아질 것이다. 이러한 환경을 누리고자 하는 시민들의 희망은 정책으로 발현될 수 있다.

이미 존재하고 있으나 아직 그 가치가 발현되지 않은 주위 자연환경에 주목하자. 동네 및 지역 중심의 자연환경 활용도는 더 증진될 것이다. 이러한 지역의 가치는 더 높아질 수 있기에 투자와 일상의 만족도가 동시에 충족될 수 있을 것이다.

T : Transportation
(교통 편의성)

서울의 3대 도심 중에서도 주거, 업무 및 교육 환경을 모두 우수하게 갖춘 곳이 바로 강남이다. 이 지역을 관통하는 대중교통의 여부가 중요하다. 그렇지 않다면 서울 도심 및 여의도권역의 관통 여부가 다음 관건이다.

　우리는 '연결의 시대'에 살고 있다. 연결을 직접적으로 이어주는 것은 이동 수단을 제공하는 교통이다. 이동에 편리한 교통 환경이 갖추어진 지역이라면 본인이 원하는 곳으로 빠르게 이동할 수 있다. 원하는 많은 지역으로 빠르게 이동할 수 있는 옵션이 다양하다면 그 지역의 교통 편의성은 우수하다는 평을 받는다.

　필자의 첫 사회생활은 강남 역삼동에 위치한 회계법인이었다. 당시 거주지는 도보 15분 이동 거리 내에 있었다. 버스로 출근하고 도보로 퇴근하는 일상이었기에 교통의 중요성을 현실적으로 체감하기는 어려웠다. 2012년 5월, 전직하게 된 곳은 현재도 여전히 근무하고 있는 여의도 증권가였다. 여의도의 출근 시간은 타 업종 대비 상당히 빠른 편이다. RA의 출근 시간은 더 빠르다. 이때 교통 편의성의 중요성을 뼈저리게 체감하게 되었다.

당시 여의도를 지나가는 지하철은 기존 5호선에서 9호선으로 확대되었다. 다만 지금도 마찬가지지만 단계별 개통 구간은 시점에 따라 상이했다. 1단계 오픈 시기였기에 신논현역이 종착역이었다. 도보로는 약 25분이었고, 언덕을 지나야 했다. 시내버스는 단 1개 노선이 지나갔지만, 운행 시간은 15분 내외에 한 대씩 배차되었다. 여유 있는 출근길이 허락되지 않았기에 시간이 지날수록 택시 이용 빈도가 높아졌다. 결국 사회 초년생이 주로 거주하는 공덕역 주변 오피스텔로 이사를 결정했다. 교통 편의성을 확보하고자 함이었다.

이동시간 단축과 다양한 선택이 가능한 교통 요충지

현재 서울 주요 지역에는 지하철 1개 노선은 대부분 지나간다. 시내버스와 마을버스는 각지에 배차되어 있다. 대중교통 접근성이 매우 개선되었다.

다만 원하는 지역을 한 번의 교통수단으로 이동할 때와 그렇지 못할 때의 소요 시간은 매우 상이하다. 이를 단축할 수 있는 지역과 다양한 선택을 할 수 있는 지역의 교차점이야말로 교통 편의성이 우수한 곳이다.

1개 노선의 지하철보다는 당연히 2개 노선의 지하철역이 유리하다. 그리고 그곳이 환승역이라면 더욱 편리하다. 서울의 환승역은 넘쳐나고 있다. 부산, 대구에도 복수의 환승역이 존재한다. 광주에도 곧 생긴다. 수도권에서는 고속터미널역, 종로3가역 및 동대문역사문화공원역 등의 트리플 역세권과 서울역, 공덕역, 왕십리역 및 김포공항역 등과 같은 쿼드러플(quadruple) 환승역까지 나오고 있다.

수도권과 비수도권의 차별적 교통 편의성

서울 중심의 수도권에서는 강남을 향하는 지하철 및 대중교통의 존재 여부가 교통 편리성 중에서도 그 가치를 높일 수 있는 노선으로 인정받을 수 있다. 서울의 3대 도심 중에서도 주거, 업무 및 교육 환경을 모두 우수하게 갖춘 곳이 강남이다. 이 지역을 관통하는 대중교통의 여부가 중요한 것은 당연한 이치다. 그렇지 않다면 서울 도심 및 여의도권역의 관통 여부가 다음 관건이다.

수도권과는 달리 광역시 및 타지역에서는 대중교통의 중요성이 한층 낮다고 본다. 지하철이 있는 지역은 광역시로 한정된다. 버스는 도시, 교외 및 시골을 가리지 않는다. 결국 자가운전을 통한 교통 편의성이 가장 핵심적 요인으로 작용한다. 도시를 관통하는 도심 고속도로의 접근성과 사통팔달의 입지가 만날 때 그 지역의 교통 편의성은 우수하다고 볼 수 있다. 우수한 도로 사정은 항시적이지는 않다. 편리하기 때문에 잦은 체증은 불가피하나, 이는 역설적으로 양호한 교통 환경을 시사한다.

과거만큼 교통의 중요성은 부동산 입지 선택에 큰 영향을 끼치지 않을 수 있다. 경제력이 발전하면서 이동의 중요성이 중시된 정책 추진 및 인프라 구축이 이루어졌기 때문이다. 그럼에도 도시는 변하기 마련이고, 변화는 새로운 교통망을 형성하게 한다. 매년 눈여겨 보는 철도 및 도로계획 등이 대표적인 사례다. 부동산과 교통 편의성은 떼려야 뗄 수 없는 관계에 있고, 향후에도 그럴 것이다.

I : Investment Value
(투자 가치)

투자 가치는 발전 가능성과 내재 가치의 발현으로 요약된다. 등잔 밑이 어둡기 마련이다. 꺼진 불도 다시 보는 심정으로, 익숙하지만 경시되어온 입지를 다시 살펴보는 투자 안목을 기를 때다.

JENTI 부동산 투자전략의 마지막인 투자 가치(Investment Value)에 대해 살펴보자. 집과 주거용 부동산은 본인의 거주 만족도보다 중요한 것이 없다. 부가 행복을 보증하지 않는 것처럼 각각의 경제 주체가 어떠한 주거 형태에서 거주하는가는 중요하지 않을 수도 있다. 고가의 주택 자체가 그 주택에 거주하는 가족의 행복을 대변하는 것은 아니기 때문이다.

앞서 살펴본 직주 근접(Job-Housing Proximity), 교육(Education), 자연환경(Nature), 교통 편의성(Transportation)도 인생의 행복이라는 관점에서 접근한다면 부차적일 수도 있다. 그럼에도 우리는 일반적이고 보편적인 삶의 형태를 띠고 있으며, 타인도 그러하다고 본다. 대다수 사람들은 맛있는 음식을 먹고, 좋은 옷을 입고, 안락한 공간에서 휴식을 취하며 본업을 이어간다. 큰 틀에서 바라본 인간 삶의 모습은 부의 크기와는 무관하게 유사하기 마련이다.

투자 가치를 고려해야 하는 이유

우리가 살아가는 주거 공간에 대한 선호도도 유사하며, 이를 바라보는 시선 또한 대동소이할 것이다. 이를 전제로 JENTI 부동산 투자 전략을 구사할 수 있다. 위 네 가지의 요인들이 다 갖춰져 있다고 인식하고 스스로가 만족하면 사실 가장 이상적이다. 하지만 우리 인생이 그렇게 간단하지만은 않다. 네 가지의 기본적 부동산 요인을 충족하더라도 투자 가치가 부재할 경우, 부동산은 그야말로 사는 공간에 머물 뿐이다.

일상생활을 영위하는 것도 중요하나, 시장경제 자본주의 아래에서 최선을 다하는 삶을 살아가는 데는 본인과 가족의 평안한 현재와 미래를 위한 부의 축적이라는 목적도 분명 존재한다. 주거용 부동산이 거주 공간이면서도 자산 형성의 주요 수단임을 강조한 것은 이 때문이다.

현실적 이유 또한 더할 나위 없이 중요한 부분이다. 자신이 선택한 부동산 자산 가격이 타인의 부동산보다 못한 평가를 받을 때 그 누가 무덤덤할 수 있겠는가? 최소한 비슷한 가격 흐름을 보여야 선택에 대한 후회도 감내할 수 있기 마련이다.

부동산의 발전 가능성은 곧 투자 가치의 증대

투자 가치는 크게 보면 '발전 가능성'과 '내재 가치의 발현'으로 요약된다. 발전 가능성을 부동산 상품 자체만으로 한정할 때는 주로 양호한 입지에 위치한, 좋은 뷰를 가진 신축 공동주택이 될 것이다. 한마디로 '신축의 힘'이다.

집중화된 도시일수록 토지의 집약적 개발은 수반되기 마련이고, 유휴 토지를 찾기가 어렵다. 그러므로 희귀한 신축 아파트가 등장할 때 그 자체만으로도 발전 동력을 갖게 되는 법이다. 교육 및 자연환경을 함께 갖추고 있다면 그 매력도는 더 오랜 기간 유효할 수 있다.

해당 지역의 랜드마크적 입지를 가질 수 있다면 그야말로 그 동네의 워너비(wannabe) 주거지로 인식되고 소유욕을 자극할 것이다. 랜드마크가 된다면 해당 자산의 장래는 탄탄대로에 진입할 가능성이 한층 높다. 반포동의 '아크로리버파크', 한남동의 '한남더힐' 등과 같은 고가 주택만 생각할 필요는 없다. 해당 지역의 랜드마크 입지를 가진다면 그 존재 이유는 충분하다.

부동산 입지의 관점에서는 자본이 몰리는 개발 환경이 갖추어지고 현실화되는 지역에서 접근 가능하다. 쉽게 생각했을 때, 서울 및 광역시의 구도심과 새롭게 조성된 도시의 개발지구 중 어느 곳이 선호되고 있는가? 강남, 해운대 및 송도 등의 신도시와 그에 준하는 지역을 압도적으로 선호한다. 이곳들은 과거에는 거들떠보지도 않았던 지역이다.

도시는 살아 숨 쉰다. 생명력이 있기에 생애 주기가 있다. 개별적 주체가 인프라 환경을 바꾸기는 매우 어렵다. 정책적 집행이 수반되지 않는다면 슬럼화해 죽은 도시가 되는 법이다. 서울에서는 성수동, 문래동, 연남동 및 익선동 등 과거 번화했던 지역이 쇠퇴한 후 현재 극적인 부활의 모습을 목도 중이다. 그중에서 주거지로서의 매력까지 중첩된 곳은 성수동이다.

잠자는 사자가 깨어났을 때, 그 위용은 타의 추종을 불허하는 법이다. 이를 사전적으로 인지하고 길목 지키기의 형태로 투자가 이어진다면 그 누구보다 빠르게 자산을 형성할 수 있다. 단, 외롭고 쓸쓸한 투자 결정과 인고의 시간은 필수적으로 수반되는 과정이다.

저평가 자산의 내재 가치 발현

발전 가능성에 이어 살펴볼 투자 가치 요인은 내재 가치의 발현이다. 주택시장의 침체 시기에는 가격 하락 압력을 최소화하고자 소형 주택이 인기였다. 큰 집은 청소하기 어렵고 관리비가 비싸다는 이유보다는 향후 매도 가능성 축소를 회피하고자 하는 것이 본심이었다.

그런데 지금은 어떠한가? 주택시장 활황세가 장기화되는 동시에 팬데믹과 소득의 증가로 넓은 면적의 쾌적한 주거 공간을 원하게 되었다. 작은 차보다 큰 차가 비싸기 마련이고, 작은 차보다 크고 좋은 차가 드림카가 되는 법이다. 현재 외부 변수에 의해 내재 가치가 적정 평가를 받지 못하더라도 시대의 변화에 맞춰 적정 가치로 돌아갈 수 있는 것을 취해야 한다.

또 다른 내재 가치의 발현은 부동산 시장의 특성에 맞는 토지의 유한성이다. 이른바 부증성(不增性)이다. 부동산의 주요 특징은 토지의 정착물이라는 것이다. 토지를 벗어나서는 존재하기 어렵다. 그러므로 땅의 가치에 주목하자.

대표적 사례로는 압구정동이 있다. 압구정동은 조선시대 이래 명당 중의 명당으로 꼽혔다. 근대에 들어서는 주거지로 개발되었다. 신축이 아닌 40년 이상 된 구축이지만 평당가 1억 원을 훌쩍 넘는 실거래가를 기록 중이다. 내재 가치에 대한 투자다. 그 가치가 발현한다면 현재 기준 평당가 2억 원 시대는 압구정동이 가장 먼저 열 것이라고 다들 이구동성으로 말한다.

그렇다면 한양도성 내의 주요 입지에 위치한 토지는 어떠한가? 괜한 명당은 아닐 것이다. 하지만 내재 가치는 존재하더라도 발현을 기대하기는 매우 어렵다. 그 자체가 문화적 가치 이상의 존재이기 때문이다. 발현하기 위해서는 경제 및 금융시장의 자본이 유입되고 개발되어야 하는데, 이러한 입지에서는 그런 부분이 충족되기가 어렵다.

서울은 현재 서울시장의 교체로, 보존 중심의 정책에서 도시 경쟁력 회복을 위한 계획적 개발로 변화하는 과정을 맞고 있다. 주거 및 상업용 부동산을 추가로 형성할 수 있는 토지가 없기에 도시 정비 사업도 더 활성화될 것이다. 등잔 밑이 어둡기 마련이다. 꺼진 불도 다시 보는 심정으로, 익숙하지만 경시되어온 입지를 다시 살펴보는 투자 안목을 기를 때다.

"

대한민국의 평범한 직장인으로 산전수전 겪으면서 짧으면 짧고 길면 긴 시간을 통해 현재 나의 모습을 갖출 수 있었다. 늦은 취업, 업종 전환, 업계의 불황에 이은 구조조정 등 여러 난제는 덤이었다. 뒤처진 출발선상에서 시작한 것은 오롯이 나의 책임이었기에 불평불만은 사치와 같았다. 타인보다 낮은 근로소득, 그리고 누군가에 대한 의존이 아닌 독립을 해야만 하는 주어진 환경 등은 수용해야만 하는 조건이었다. 살아남기 위해서 목표한 바를 이루겠다는 의지와 노력, 그리고 그것이 고진감래로 이어질 수 있게 하는 약간의 운이 필요했다. 누구나 할 수 있지만 이런저런 이유로 하지 않을 때, 필자는 해야만 하는 상황이었기에 했다는 점이 달랐다고 할 수 있겠다. 사회 초년생 때처럼 지금도 버스를 타고 출퇴근하는 것은 달라지지 않았지만, 출퇴근길에서 내가 그리는 나와 우리 가족의 미래는 상당히 달라졌다. 이를 이루기 위해서는 여전히 노력해야 할 것이 많다. 필자의 과거와 현재 그리고 미래가 함께 담겨 있는 사례 연구 (Case Study)는 필자뿐만 아니라 대다수 직장인들에게 적용 가능할 것이다.

"

6장

나는 이렇게 투자했다,
현직 애널리스트의
포트폴리오

관심의 끈, 자본주의의 생존 생명줄

경의선 숲길 옆에 4개 동이 올라온 것이 보였다. 부동산 앱을 확인했다. 망치로 머리를 맞은 기분이었다. 당첨되었던 분양가는 6억 원에 못 미쳤었는데, 준공 후 입주 때의 전세 호가는 이미 6억 원을 넘어섰다.

주택청약 종합저축통장 등 청약통장은 이른바 국민 통장이다. 2022년 3월 기준, 전국적으로 2,694만 명 이상 개설한 상황이라고 한다. 필자도 이 청약통장을 가지고 있지만, 거기에는 슬픈 사연도 있다. 그 기억은 내 인생의 쓰디쓴 자양분이 되었다. 이를 나 자신의 강력한 발전 원동력으로 삼고자 하면서도, 내심 속상함과 아쉬움을 완벽히 떨쳐내지는 못했다.

2013년 봄, 여의도 증권가로 이직한 지 1년이 채 지나지 않았을 때다. 갓 30대 초반이었다. 당시 필자는 증권사 리서치센터의 RA(Research Assistant)로 일하고 있었기에, 해 뜨기 전 출근해서 달

보며 퇴근하는 일상은 당연했다. 더구나 주말 중 하루는 필수로 출근해야 했다.

첫 사회생활을 한 여의도의 직장에서 멀지 않은 공덕역 근처 오피스텔로 이사를 했다. 월세집을 구했다. 나름의 직주 근접을 추구한 것이다. 대신 1천만 원 보증금에 월세 85만 원, 공과금 별도를 수용했다.

내 인생의 첫 청약 신청과 첫 당첨 마포 공덕에 얽힌 사연

마포 공덕은 여의도와 광화문의 서울 3대 도심 중 2대 도심과는 매우 가깝다. 수월한 출퇴근이 여유 있는 아침과 함께 저녁이 있는 삶을 누리게 해주는 주요인임을 짧은 시간에 체감할 수 있었다. 당시 서울 주택시장은 여전히 침체 국면에서 벗어나지 못했지만, 박근혜 정부 출범 이후 변화의 기회를 모색할 것이라는 기대감은 수면 아래에 존재하고 있던 시기였다.

그럼에도 '하우스푸어(House Poor)'라는 말은 언론을 통해 상시적으로 언급되었기에 쉽사리 부동산은 회복되지 못하고 있었다. 사업성 개선을 오매불망 기다린 사업장은 기다리고 기다리다가 박근혜 정부 출범 이후에야 분양 기지개를 켜기 시작했다.

필자는 공덕역에서 도보 3분 거리에 위치한 '공덕파크자이'라는 단지에 청약 신청을 했다. 직장 생활을 한 지 만 2년이 넘었고, 가까스로 국민 평형 신청 기준인 전용 85m² 이하에 청약 신청을 할 수 있는 300만 원 이상 예금 기준을 충족한 상태였다.

홍대입구역과 합정역 사이에 위치한 자이갤러리에 해당 단지의 모델하우스가 있었다. 청약 신청 직전의 주말에 그곳에 들렀다. 성인이 되고 나 혼자서 가보는 첫 모델하우스였다. 단지 구경하는 것뿐인데도 얼마나 떨렸는지 모른다. 그 떨림을 감추기 위한 어색한 행동은 스스로도 거북스러웠다.

어떤 점을 주안점으로 살펴봐야 하는지 알 리가 없었다. 둘러본 이후 상담사에게 질문하면서 궁금한 점을 해소해야 하는데도, 아는 것이 없으니 물어볼 것도 당연히 없었다. 번호표를 뽑고 대기해야 하는 것을 확인하고는 기다리기 싫어서 바로 나왔다. 그렇게 모델하우스 한 번 둘러본 게 전부인 상태였는데도 청약 신청 방법을 알고자 테스트 삼아 청약 신청을 했다. 결과는 2대 1의 경쟁률을 뚫고 1순위 당첨이었다. 아직도 기억하는 그 숫자, 202동 603호와 함께 말이다.

청약 당첨 이후에 계약했더라면?

첫 청약 신청에 서울 도심권 아파트에 당첨된 것이다. 내가 어떤 타입에 신청했는지도 구분하지 못할 정도로 정보 습득은 미흡하기 그지없었다. 스스로 판단도 할 수 없는 상황에서 청약이 당첨되었기에 얼떨떨했다. '청약 당첨은 쉽게 될 수 있는 이벤트'라는 생각을 하게 되었던 것 같다. 향후 다가올 급변하는 상황에 대한 판단은 내 머릿속에 있을 수가 없었다.

청약 당첨의 소중함과 어려움을 몰랐기에 진지한 고민은 하지 않았다. 분양가의 10%에 해당하는 계약금은 당연히 수중에 없었을 때였다. 이를 마련하기 위해서는 신용대출을 받아야 했다. 대출 제로라는 자부심으로 회사원 생활을 하고 있었는데, 불확실한 미래를 위해 그 자부심을 버리자니 자존심이 용납하지 않았다.

그리고 대출을 감내하면서 향후 준공되었을 때의 계획을 생각하자니 머리가 아팠다. RA 업무도 힘든데 이러한 미래 고민은 사치로 다가왔다. 계약하는 것보다 한시라도 빨리 애널리스트로 승급하고 싶은 마음이 더 현실적으로 다가왔다.

당첨자 계약 기간 마지막 날에는 친절하게도 계약 담당자의 전화도 받았다. 언제 와서 계약서를 작성하느냐는 질문에 계약을 안 하기로 했다고 대답했다. 그분의 아쉬워하는 목소리를 들으면서도 나는 잘 결정했다고 확신하며 전화를 끊었다.

그로부터 2년 반이 지난 2015년 가을 어느 날, 외근을 가는 택시 안에서 공덕오거리를 지나가다가 완공된 공덕파크자이 아파트를 보게 되었다. 경의선 숲길 옆에 늠름하게 4개 동이 올라온 것이 보였다. 부동산 앱을 확인했다. 망치로 머리를 맞은 기분이었다. 당첨되었던 분양가는 6억 원에 못 미쳤었는데, 준공 후 입주 때의 전세 호가는 이미 6억 원을 넘어섰다.

연속된 청약 낙첨 이후 미계약분을 통한 반포 자가 입성

2013년 청약 당첨 후 해당 물건을 계약하지 않은 대가는 컸다. 일단 청약에 활용한 주택청약통장은 해지되었다. 해지될 때 그간 저축한 시간과 그에 따른 점수가 소멸되는 것을 아쉬워해야 하는 것이 정상인데, 그때 나는 수중에 활용 가능한 자금이 생긴다고 내심 기뻐했다. 그리고는 중고차를 사는 데 보태어 써버렸다.

당시 나의 결정과 그 이후의 황당했던 일련의 행동을 되돌아볼 때, 부끄럽고 한심하기 그지없다. 결국 모든 것은 청약 당첨 이후 계약하지 않은 것에서 비롯된 것이니 누구를 탓할 수도 없다. 다시 청약저축을 개설했고, 꾸준히 매월 납입해 2015년부터 서울 지역의 청약 단지에 신청했다. 하지만 청약 시장 분위기는 이미 활황이었다. 2년 전과는 완전히 다른 양상이었다. 처음에는 한 번에 당첨되었는데, 이제는 당첨되면 계약하겠다는 굳은 의지에도 정작 당첨이 되지 않았다. 생각해보면 2013년 당첨이 이례적이었는데도, 계속 낙첨하는 것에 실망했던 참으로 무지한 시절이었다.

현재 소유하고 있는 반포동 신축 아파트 또한 청약했지만 낙첨한 단지다. 물론 청약 이전에 모델하우스를 방문하지도 않았고, 금액과 평면을 자세히 본 적도 없이 그냥 청약을 신청했다. 높은 경쟁률과 함께 당연히 낙첨이었다. 하지만 우연한 기회에 모델하우스를 방문하게 되었고, 운명적인 결정의 순간을 맞았다. 모든 일은 자기 자신의 결정에 의한 것이다. 관심의 끈을 이어가고 있었기에 미계약분에 대한 의사결정을 잘 할 수 있었다고 생각한다.

분양 공급계약서를 작성해 분양권 소지자가 된 2016년에도 꾸준히 청약을 넣었다. 당시에 분양권자는 무주택자로 취급했기 때문에 청약하는 데 제약 조건은 없었다. 하지만 결과는 낙첨의 연속이었다. 달라진 점은 청약을 하든 안 하든 시간이 날 때마다 모델하우스를 방문하고 경험을 늘려갔다는 것이다.

동작구 흑석동, 동대문구 답십리동과 강동구 명일동 등의 신축 아파트 모델하우스에 갈 때마다 체크해야 할 부분이 눈에 들어왔다. 그러는 와중에 청약 기당첨자의 청약 제약 요건이 강화되어 '당첨일로부터 5년간은 당첨이 불가능하다'는 조항이 생겼다. 나의 청약은 잠시 멈출 수밖에 없었지만, 청약 납입은 여전히 현재 진행형이다. 언젠가는 쓸 일이 생길지 모르는 것이 인생이기 때문이다.

비과세, 피곤할지라도 두렵지는 않다

규정된 조건에만 부합한다면 향후 소득이 생겨도 과세하지 않는, 공인된 비과세 혜택이 주어진다. 국가가 권장하고, 나와 우리 가족에게도 좋은 비과세 혜택을 추구하지 않을 이유가 없다.

필자는 현재 서울특별시의 업무지구인 3대 도심 중 한 지역에 거주 중이다. 필자는 현 거주지는 2014년 말 결혼한 이후에 얻은 네 번째 집이다. 신혼집으로 구한 곳은 30년이 다 되어가던 20평형대 아파트였다. 전세로 구했고, 반전세로 살다가 나왔다. 신혼집에서 아들이 태어났다. 결혼과 득남을 동시에 한 소중한 안식처였다. 지금도 첫 신혼집의 거주 기간이 그 이후 주거지들 각각의 거주 기간보다 길다. 그 이후 현재까지 세 번 이사를 했다. 두 번째 집부터는 자가 소유였다. 부동산 자산에 주어지는 비과세 혜택을 누리기 위해서다.

'소득 있는 곳에 세금 있다'는 말은 정부의 조세 원칙이다. 국민의

4대 의무(국방, 교육, 근로 및 납세) 중에서도 핵심은 납세의 의무다. 여기에는 반대급부도 없다. 조세 징수권자에 대해 의무적 행위를 해야 함을 뜻한다. 경제 주체에 한정해 의무가 부과된다고 하지만, 직접세뿐만 아니라 간접세도 있기 때문에 전 국민에게 부여되는 의무라고 할 수 있다. 의무라는 강제성이 강하기 때문에 헌법상 조세평등주의와 조세법률주의에 의거해 납세의 의무를 진다.

헌법상 납세의 의무, 이에 대한 예외 요건을 찾는다면

의식주의 생활 필수재 중에서 주거 공간에 해당하는 주택과 관련한 세금 법령은 매우 다양하다. 지방세법, 종합부동산세법, 조세특례제한법 등 다양한 법령으로 규정되어 있는데, 이는 주택의 취득·보유·임대·양도·상속·증여 등의 법률상 행위에 대해 각종 법령이 적용되어야 하기 때문이다. 주택 등의 부동산은 한정되고 특수한 성격을 함께 지닌 공공재의 성격도 분명 존재하기에 국가는 이에 대한 조세정책을 상당히 촘촘히 규정하고 있다.

주택은 거주하는 공간이다. 평생 한 공간에서만 사는 것은 현실적으로 쉽지 않다. 또한 과거와는 달리 다양한 지역의 거주 공간에 대한 니즈가 그 어느 때보다 커졌기 때문에 주거지의 교환 가치가 중요해졌다. 교환할 때는 임대차 계약을 통한 거주 점유권의 이전이 있을 수도 있고, 매매 계약을 통해 양도·양수가 진행되기도 한다.

임대차 계약에 의한 전월세보증금은 임차인에 대한 부채의 개념으로 임대인에게 인식되기 때문에 일반적으로 월세 수령액을 제하고는 보증금에 조세가 부과되지는 않는다. 반면 소유권 이전을 통한 매매계약이 진행될 때는 양도가액과 취득원가가 구분되고 그 외 필요경비 등이 확인된다. 즉 양도가액에서 취득원가와 필요경비가를 차감하면 양도차익이 산출되며, 이로부터 장기보유특별공제, 감면소득금액, 기본공제 등의 적용 여부를 판단하고 계산하면 과세표준이 산출된다. 이는 세율에 의한 납부세액의 도출로 이어지는데, 곧 납세의 의무가 발생한 것이다.

비과세라는 특별한 혜택을 누리는 여정

소득세법 시행령 154조에 의하면 거주자인 1세대가 양도일 현재 국내에 1주택을 보유하고 일반적인 요건, 즉 1) 보유기간이 2년 이상일 것, 2) 취득 당시 조정대상지역에 있는 주택은 보유기간 중 거주기간이 2년 이상일 것, 3) 양도 당시 주택이 고가 주택(실지거래가액 12억 원 초과)에 해당하지 않을 것 등을 모두 갖추고 양도할 경우에 1세대 1주택 비과세를 적용받을 수 있다. 핵심은 '2년 이상 보유하거나 보유한 동시에 거주한 후에 양도할 때 세금 부과를 면해줄 수 있다'로 요약된다. 즉 과세당국이 규정한 요건을 만족시키면 혜택을 주겠다고 공표한 것과 다름없다.

납세 의무가 면제되는 것은 아니지만 납세액 감면과 같은 실질 효과가 발생하는 것은 주택 등 비과세 법령에 의한다. 필자는 비과세 요건 충족을 최대한 취하는 것이 경제 주체의 합리적 태도라고 생각한다. 주택 소유는 가족 구성원의 안식처에 대한 주체성을 가지게 하고, 이는 심신 안정으로 이어진다. 집은 일반적 근로소득 획득과 더불어 가계의 주요 자산 형성 수단이 되기 때문이다.

이와 같은 경제적 행위를 추구할 때, 주거의 안정성 및 투자처로서의 안전 자산 성격을 동시에 충족할 수 있을 뿐 아니라 정부로부터 공식적으로 비과세의 혜택을 누릴 수 있다. 규정된 조건에만 부합한다면 향후 소득이 생겨도 과세하지 않는, 공인된 비과세 혜택이 주어진다. 국가가 권장하고 나와 우리 가족에게도 좋은 이 비과세 혜택을 추구하지 않을 이유가 없다.

비과세를 추구하면서 동시에 느낀 자산 형성의 기쁨

나와 아내 명의의 첫 소유 주택, 이른바 등기를 친 첫 주택은 서울 영등포구에 위치한 신축이었다. 이곳에 1년 1개월간 거주했는데, 이사한 첫날 저녁을 잊지 못한다. 우리 집을 소유했다는 사실에 가슴이 벅차올랐다. 그날 밤, 갓난아기였던 아들을 욕조에서 씻겨준 기억은 언제 떠올려도 행복하다. 구축 아파트 욕실의 물때를 보지 않아도 된다는 사실 하나만으로도 기쁘기 그지없었다.

무주택자인 상황에서 2016년 8월 조합 보유분 중대형 평형 아파트의 분양권을 계약했다. 잔금 납부 시 조정대상지역으로 지정되었지만, 계약금 납입 시점에는 비조정지역이었다. 거주 요건과는 무관하게 2년 보유만으로도 비과세를 받을 수 있었다. 전월세 기간은 남았지만, 구축 아파트 반전세의 거주 형태에서 벗어나 신축 아파트에 자가로 입주하기로 했다. 비과세 혜택과 함께 아이에게 쾌적한 정주 환경을 만들어주고 싶다는 생각에서 한 행복한 결정이었다.

2016년 8월, 착공 중이었고 아직 분양되지 않은 조합 보유분의 미계약분 중대형 평형의 분양권 계약을 했다. 그로부터 1년 후인 2017년 8월 준공 즉시 9월 초에 입주하며 잔금을 납부하고 물권을 취득했다. 그곳에서 약 1년 1개월을 거주했다. 새로운 자가 주택으로 이동할 때에는 매도하지 않고 전세 세입자와 계약을 통해 임차했다. 그리고 2020년 말, 약 3년간의 보유 기간을 정리하면서 해당 아파트를 매도하는 데 성공했다.

2017년 8월 이전인 2016년의 서울시는 아직 비조정지역이었다. 무주택자 신분으로 분양권 계약을 했기에 비과세를 받기 위한 의무 조건이 거주 2년이 아닌 보유 2년으로도 가능했다. 필자의 거주 기간은 1년 1개월이었지만, 보유 기간은 3년 이상이었다. 다만 양도가액이 당시 고가 주택의 기준이었던 9억 원을 훌쩍 넘어섰기 때문에 산식에 의해 양도가액 중 일정 부분에서만 비과세 혜택을 받을 수 있었다. 고가 주택임에도 고가 주택의 기준인 12억 원(9억 원에서 상향 조정)까지 비과세를 받고 안 받고는 가계의 세후 차익에 큰 차이를 가져온다. 그만큼 비과세 혜택은 중요하고 또 중요하다.

　그 이후, 두 곳의 아파트 역시 자가로 입주했다. 서울 서초구 반포동에 위치한 신축 아파트에서는 약 2년 5개월 거주했고, 현 거주지로 온 지는 1년 이상 지났다. 곧 2년 거주 요건을 충족시킬 예정이다. 거주 요건의 충족 필요성은 개별적으로 동일하지는 않지만, 우리 가족의 주거 환경 개선과 자산 형성에 도움이 될 수 있는 세제 혜택을 모두 충족하기 위해서다.

일시적 1가구 2주택, 쉽지 않으나 할 만하다

일시적 2주택 제도는 갈아타기를 통한 주거 만족도 제고와 거주의 자유를 누리고 자 할 때 생길 수 있는 여러 상황을 공식적으로 배려한 조세 정책이다. 반드시 활 용해야 할 혜택이다.

결혼 이후로 총 세 번 이사했고, 현재 네 번째 집에서 살고 있다. 곧 8주년 결혼기념일이 다가오는데, 한 집에서 채 2년을 살지 않은 셈이다. 아들에게도 미안하다. 이제 만 5세를 넘겼는데, 벌써 네 번째 집이기 때문이다. 반전세로 살았던 집에서는 약 3년, 첫 명의의 집이었던 영등포에서는 1년 1개월, 첫 계약을 한 반포에서는 2년 5개월을 거주했고, 현 거주지에서는 1년을 넘긴 상황이다. 아들은 반포동 집부터 기억하고 있다. 혹여나 심리적 안정에 불안함을 끼칠까 걱정이 안 되는 것은 아니지만, 반포보다 현재 거주지가 더 좋다고 하니 고마울 따름이다.

이처럼 이사를 자주 하게 된 것은 한곳에 오래 있지 못하는 역마살 때문이 아니다. 정주 여건 개선(영등포 → 반포동) 및 만족도 제고(반포동 → 현 거주지)를 하는 동시에 비과세라는 놓칠 수 없는 혜택을 받기 위한 요건 충족 때문에 생긴 불가피한 일이었다. 나의 자율적인 결정이자 책임감으로 내린 결정이기 때문에 후회는 하지 않겠다는 일념 또한 있다.

임대인에 의한 전세금 증액 또는 월세 전환, 계약 종료 후의 이사 등 거주의 안정성이 조정될 수 있다는 불안감은 첫 신혼집에서 경험해봤다. 계약 기간을 연장하면서 더 거주할 수 있다는 안도감은 있었지만 월세를 내야 하는 현실은 부인할 수 없었기 때문이다. 지금은 당시와 비교할 수 있다는 것만으로도 다행이다. 이는 내 명의의 집을 가지고서 체감할 수 있었다.

부동산은 '소유'할 때 활용 가능한 방법이 늘어난다

'살 길은 스스로 찾아야 한다'라는 사실은 사회생활을 통해 익혀왔고, 문재인 정부 출범 이후에는 더 확고해졌다. 두 번째로 계약한 분양권이자 첫 번째로 취득한 영등포동 신축 아파트를 매도할 때, 비과세 혜택을 받기 위해서는 2년 거주가 아닌 2년 보유가 필요했다.

첫 번째로 계약한 분양권이자 두 번째로 취득한 반포동 신축 아파트로 이사할 시점에는 영등포동 아파트의 보유 및 거주 요건은 동시에 1년을 갓 넘긴 상황이었다. 자본차익 실현을 위해 그 시점에 매도하게 되면, 양도차익에 대해서는 비과세가 아닌 일반과세가 적용된다. 비과세 혜택을 받을 수 있는 것이 명확하기에 자의 반 타의 반 영등포 아파트는 매도가 아닌 임차해줄 수밖에 없는 상황으로 전개되었다. 스스로 찾은 이 길이 우리 가족에게는 '신의 한 수'로 다가왔다.

내 명의의 집에 입주할 때, 반드시 기존주택을 매도해야 하는 것은 아니라는 사실을 몸소 체험했다. 기존주택과 신규주택의 공존에는 소득세법령 제155조 1항에 의해 일시적 1가구 2주택 비과세 특례(1주택을 소유한 1세대가 종전 주택을 양도하기 전에 신규주택을 취득함으로써 일시적으로 2주택이 된 경우, 종전 주택을 취득한 날부터 1년 이상이 지난 후 신규주택을 취득하고 신규주택을 취득한 날로부터 일정 기한[3년 또는 1년] 이내에 종전 주택을 양도하는 경우에는 1가구 1주택으로 취급)가 주어진다.

보유 또는 보유 및 거주를 통한 비과세 혜택을 받는 방법에 대한 응용 과정이다. 지금두 필자 역시 반복 적용하고 있다 앞으로도 바복할 수 있으면 하면 된다. 정부가 인정한 지극히 일반적인 방법이니 안 할 이유가 없다.

어렵게 생각할 필요가 없다. 반복 학습을 통해 누구나 잘 할 수 있다. 거주하면서도 부의 증진을 통한 여유로운 경제적 환경을 갖출 수 있는 것이 '갈아타기의 일상화'다.

2년, 길다면 길고 짧다면 짧은 시간

신혼집으로 구한 반전셋집의 임차 계약기간이 남았음에도 첫 등기를 친 영등포 신축 아파트로 이사했다. 그리고 1년이 지난 후 첫 분양권 계약을 한 반포 신축 아파트의 준공 승인 및 입주 시기가 도래했다. 그때가 2018년 8월이었다. 문재인 정부는 2017년 5월에 출범했고, 6월과 8월에 걸쳐서 부동산 안정화 대책을 발표했다. 투기 단절을 통한 부동산 시장 규제책의 시작점이었다.

필자는 2015년 12월 크리스마스에 2018년 하반기에 입주하게 될 반포동의 신축 아파트 분양 계약을 체결했다. 약 3년에 가까운 시간은 쉽게 다가오지 않을 것처럼 느껴졌다. 좀 더 양호한 컨디션의 주거 공간에서 가족의 보금자리를 마련하고 싶다는 희망을 조기에 현실화하고 싶었다. 그래서 2016년 8월, 영등포의 신축 아파트 미분양분 분양권을 도시환경개발정비사업 조합과의 계약을 통해 취득했다.

두 건의 공급 계약(2015년 12월 반포동 아파트 분양 공급 계약, 2016년 8월 영등포동 아파트 분양 공급 계약)을 했던 당시에는 분명 무주택자였다. 문재인 정부가 출범한 2017년 5월 이후 무주택자에서 유주택자로의 전환은 해당 사업지의 준공이 다가오는 만큼 시간문제였다. 2017년 8월에 1주택자가 되었다. 반포동의 분양권 1건은 그대로 있었다. 2018년 9월에는 자연스레 2주택자가 되었다.

이는 당시 정부 입장에서는 탐탁지 않은 존재였을 것이다. 조정대상지역 및 투기과열지구에서의 2주택자는 곧 다주택자로 취급되었기 때문이다. 일시적 1가구 2주택자는 엄연한 1주택자로 인정될 수 있는 여지가 있음에도 '주택시장 안정화를 위한 투기 예방'이라는 대의 앞에서는 변명에 불과했다.

시간을 되돌려 반포 아파트의 분양 공급 계약 시점으로 돌아가보자. 당시 나는 '부린이'였다. 연봉은 사원급, 신분은 RA였지만 트렌드에 맞게 연봉계약직이었다. 아내는 대기업 입사 3년 차였다. 반포 신축 아파트의 분양가를 맞출 자본금이 있을 리가 만무했다. 해당 아파트는 이미 청약했지만 낙첨했던 단지였다. 2015년 당시 최고가 분양가로 인해 미계약분이 속출했었다.

당시 모델하우스에서 만난 분양 상담사의 안내는 정말 솔깃했다. 분양 상담사는 분양가는 분양가일 뿐, 입주할 때의 시세를 강조했다. 즉 2018년 8월에 형성될 시세 기준으로 시세 대비 70%의 잔금 대출 실행이 가능할 것이라고 했다. 분양가 대비 70% 대출 실행이 아니라는 점을 재차 강조했다.

귀가한 이후 곰곰이 생각했다. 어떻게 되든 입주 가능 기회는 분명 생길 것이라고 마련한 희망 회로를 돌렸다. 긍정적이고 비교적 낙관적인 필자의 특성이 어김없이 나왔다. 물론 그 이면엔 일개미로서 최대한 저축하자는 일념이 있었고 이것이 가장 큰 결정 요인이었다. 저축이 얼마나 어려운 일인지 익히 알면서도, 젊은 신혼부부이기에 할 수 있다는 자신감이 있던 시절이었다.

하지만 정권이 바뀌면서 그 당시 분양상담사의 설명은 무용지물이 되었다. 대출 실행 시점과 분양권 계약 시점의 시간차는 불가피한데 대출은 실행 시점 규정에 의해 취급된다는 규정이 생겼기 때문이다. 2주택자가 될 것이므로 중도금 대출 승계 한도 내에서만 잔금 대출 실행이 확정되었다. 분양권 계약 당시의 설명이 입주 때 적용되었다면, 대출 실행액은 시세 약 18억 원 대비 70%가 적용되어 약 13억 원 이상이 가능했을 것이다. 하지만 분양가의 60% 중도금 대출만 그대로 승계했다. 금액 기준으로 절반 수준에 그친 것이다. 계약 시점과 잔금 납부를 통한 물권 취득 시점의 정부 입장에 따라서 수분양자의 지위는 바람 앞의 촛불 신세였다.

서울 도심지 신축은 희귀해졌다. 1년 거주 후, 단지의 입주 물량 부담감은 해소되어 전세 시세는 부르는 게 값이었다. 입주장(신축 아파트 공사가 끝나서, 입주하기 전까지의 기간)이후의 신축 단지에서 전세 구하기는 매우 어려웠다. 우리 부부는 어느새 임대인으로 신분이 바뀌었고, 분양가 대비 1.5억 원 더 높은 금액으로 전세 계약을 맺었다. 영등포 입주 시 실행한 잔금 대출 상환 및 기투입된 자기 자본금 회수까지 가능했다. 또한 반포 아파트 잔금 납부 시 남은 전세 보증금 차액을 활용해 대출 규제를 넘어서서 원활한 취득을 할 수 있었다. 임대차 계약을 통해 2년 보유 후 비과세 혜택을 누릴 수 있는 여건도 마련했다.

이처럼 일시적 2주택 제도는 갈아타기를 통한 주거 만족도 제고와 거주의 자유를 누리고자 할 때 생길 수 있는 여러 상황을 공식적으로 배려한 조세 정책이다. 반드시 활용해야 할 혜택이다.

갈아타기, 상급지의 거거익선을 향한 과정

풀리지 않는 숙제라도 숙제는 숙제다. 일단 풀어봐야 풀릴지 안 풀릴지 아는 법이다. 반포 아파트의 비과세 및 장기보유특별공제를 적용한 매도 이후, 이제는 갈아타기용 강남권 중대형 아파트 매수가 충분히 가능해진 상황이다.

내 고향은 부산이다. 만 40세를 앞둔 현재, 고향에서의 생활도 이제 인생의 절반에 불과하다. 대학생이 된 이후로는 서울에서 대부분의 삶을 영위했다. 자식 잘 되기를 희망하지 않는 부모님은 없을 것이다. 일반적으로 잘 성장한다는 것은 유명 대학교에 진학 후 좋은 직장에 취업해 가정을 이루는 것을 말한다. 그 관점에서 필자는 대체로 부합하지만, 쉽지만은 않았다.

서울이라는 공간이 갖는 그 위상 속에서 살아남는 것은 보통 어려운 일이 아니다. 인서울 대학교에 입학하고 졸업하는 일은 여전히 중요한 사안이다. 좋은 직장에 취업하고 잘 다니는 것은 더 어려워졌다. 서울 또는 수도권에서 본인 명의의 집을 소유하고 일상을 살아가는 것이 과연 일반인의 기준에서 가능한 일인가 하는 의구심은 폭증했다. 'YOLO'라는 라이프 스타일이 괜히 나온 것이 아니다. 부산에서 서울로의 상급지 이동이라는 난제를 만난 것이다.

11년 차 애널리스트로서의 지위는 영원하지 않을 것이다. 여의도 입성 1년 만에 구조조정을 몸소 체험했다. 입사 때는 앉을 자리가 없어서 자리 배치까지 기다려야 했던 상황이 1년 후엔 '오늘은 이 자리, 내일은 저 자리, 다음 날엔 어디'라는 식으로 절반 가까이 늘어난 공석을 봤기 때문이다. 근로소득자의 입장에서 볼 때, 이것은 나에게는 벌어지지 않을 일이 절대 아니다.

급지별 양극화, 그리고 급지 내의 양극화

자산 포트폴리오 측면에서는 다른 이슈가 있었다. 팬데믹 이전부터 이미 반포동을 비롯한 강남 일부 지역에서는 소형 및 중소형이 아닌 중형 및 중대형 아파트의 선호도가 커지고 있음이 확인되었다. 국민소득이 늘어났고 부자들의 수가 급증하는 시대로 바뀐 만큼 주거 만족도의 중요성이 그 어느 때보다 빠르게 확대된 것이다. 아무래도 금융시장 분석 및 자산 가격을 전망하는 업에 종사하다 보니 직업적 특성상 이러한 흐름의 변화가 비교적 이른 시점에 확인되었다. 근속 기간이 길지 않은 업종이다 보니 이런 것을 활용해 만회해야 할 필요성이 크다.

결정해야 할 순간이 다가오고 있었다. 반포와 영등포 아파트의 소유만으로는 시간이 부족했다. 영등포 아파트 매도 이후, 반포 아파트 1주택자로서는 강남권의 중형 아파트로 갈아타기에는 자금이 부족했다. 넓지 않은 공간의 압박감도 분명 느껴졌다. 다시 한번 일시적 1가구 2주택의 비과세 혜택을 활용한 자산 포트폴리오 전환을 시도할 때라는 것을 인지했다.

풀리지 않는 숙제라도 숙제는 숙제다. 일단 풀어봐야 풀릴지 안 풀리지 아는 법이다. 필자의 현재 사회적 지위와 자산 포트폴리오에 대해 대략 인지하는 지인들은 간혹 칭찬의 말과 부럽다는 표현을 한다. 좋게 봐주심에 감사할 따름이다. 한편으로는 "이제 인생의 목표를 어느 정도 다 이루었으니, 열심히 일만 하고 낼 세금만 내면 되겠다"라는 말도 가끔 듣는다. 이런 말을 들으면 몸 둘 바를 모르겠지만, 그렇다고 절대 현재의 모습이 종착역은 아니다. 아직 갈 길이 멀다.

숙제는 미루지 말아야 하기에 진행형

2021년 1월, 첫 명의의 주택이었던 영등포 신축 아파트를 매도한 후, 일시적 1가구 2주택 지위에서 1주택 지위로 들어섰다. 약 열흘 후, 현 거주지 아파트를 취득했다. 덕수궁 터에 위치한 아파트를 취득해 일시적 1가구 2주택의 포지션으로 재변화를 준 것이다.

물론 탈강남화했지만, 정주 여건은 극대화되었다. 혹자는 강남 중의 알짜배기인 반포에서 이사했는데도 더 좋을 수가 있느냐고 하지만, 개개인의 주관적 판단도 일조했고 투자 관점에서도 그렇다.

필자 가족의 입장에서 주거 만족도가 개선된 부분은 일단 반포 아파트의 전용 면적 대비 2배 면적의 집으로 이사 왔기 때문이다. 팬데믹 국면에서 주거 면적의 중요성은 두말할 것도 없다. 게다가 현 주거지에는 약 4평 면적의 오픈 발코니가 있다. 거실 창호를 열면 실외에 접한 약 5미터 길이의 우리만의 공간이 존재하는 것이다. 팬데믹 초기, 재택근무 및 아들의 어린이집 휴원이 겹쳤을 때 반포 아파트에서의 생활을 생각하면, 우리 가족에게는 상전벽해가 아닐 수 없다.

반포동에 위치한 우리 집은 결혼 이듬해 우리 부부가 크리스마스 식사 후 귀가 중에 들른 모델하우스에서 결정했다고 봐도 무방하다. 결혼 이전보다는 현실 부부가 되어가는 과정이었기에 데이트의 형태도 변화되었다. 자본금도 없었고 계좌에 여윳돈도 없었지만, 분양 상담사의 설명처럼 전세로 사는 신혼집의 전세가 급등은 당면한 과제였다.

전셋집의 기존 임대인은 전세로 들어온 지 1년도 채 안 된 시점에 매도했다. 매수인이자 신규 임대인은 필자보다 한 살 젊기도 했다. 불안감이 엄습하던 시점에 조급함을 안고 결정하다 보니 신혼부부에게 적합한 전용면적 59m²를 선택할 수밖에 없었다. 물론 너무나도 과분했고 운이 좋았다. 하지만 입주를 기다린 약 3년의 시간 동안 우리 부부에게는 아이가 생겼다. 입주 후 2년 이상 실거주하는 가운데 아이는 빠르게 성장했다. 더 넓은 공간에 대한 욕구는 커져만 갔다.

그래서 결정한 것은 현 주거 부동산의 계약이었고, 계약도 잘 성사되었다. 영등포 아파트 매도와 반포 아파트의 세입자 구하기도 동시에 진행했다. 한두 문장으로 표현된 것과 달리 비교할 수도 없는 극한 긴장의 기간을 보냈다. 잠을 자는 것은 사치로 느껴졌다. 피로에 지쳐 잠이 들어도 새벽 2~3시에 눈이 떠지는 것은 예사였고, 더이상 잠을 잘 수 없는 초조함에 시달렸다. 그래도 다행스럽게 힘든 과정을 견뎌냈고, 무사히 마무리했다. 인과응보와 고진감래를 모두 절실히 체감한 시기였다.

새로 이사한 주거지의 적응 과정에서 힘든 시간을 보낸 아내와 아들에게도 미안하고 감사하다. 반포 아파트의 비과세 및 장기보유특별공제를 적용한 매도 이후, 이제는 갈아타기용 강남권 중대형 아파트 매수가 충분히 가능해진 상황이다. 여전히 필자와 우리 가족에게 아직 숙제는 남아있지만, 이는 스스로 더 발전할 수 있는 가장 큰 동기이기도 하다.

레버리지,
신용 사회의 벗

이자 부담 급증은 생활을 더욱 빡빡하게 했다. 입주까지 1년 1개월의 시간은 정말 인고의 세월이었으나, 영등포 아파트 입주 후 잔금 대출로 일괄 해결할 수 있었다. 결과는 성공적이었다.

필자도 마찬가지였지만, 자본시장에서도 주거용 부동산과 상업용 부동산은 부자나 상당한 자본력을 가진 기업, 기관만이 취급할 수 있는 전통 자산이라고 생각하는 경향이 분명 존재했다. 부동산에 투입된 자본은 이른바 '깔고 앉아있는 돈'으로 인식되어 타 자산 대비 밸류에이션이 제대로 측정되지 않는다는 생각도 광범위하게 퍼져 있었다.

과연 그럴까? 절대 그렇지 않다. 오히려 많지 않은 자본으로도 취급 가능한 자산이 부동산이다. 자본이 있어야만 부동산 자산에 접근 가능한 것인지 한번 살펴보자.

자본주의 생산의 3요소에 대한 일반적 상황은 '흙수저'

자본주의 생산의 3요소는 보통 토지, 노동, 자본을 말한다. 일반적으로 신체 건강하게 태어나고 정상적인 교육을 통한 사고능력의 발전을 이룬 자는, 최소한 본인의 의지만 갖춘다면 노동을 할 수 있다. 경제가 선진화되고 인권의식이 개선되면서 일반인보다 다소 신체가 불편하고 지적 능력이 부족하더라도 사회 제도적으로 이를 지원해서 노동의 제공을 의무화하고 있는 것이 최근 모습이다.

이 경우, 노동의 주체인 노동하는 자가 스스로 일터를 결정할 수도 있지만, 고용인의 기준에서는 적절한 노동력을 확보하지 못할 수도 있다. 보는 관점마다 다를 수 있으나, 현실적으로 수도권을 제외한 지역에서는 유휴 노동력 확보마저 어려운 것이 사실이다.

그렇다면 일반적으로 소유하지 않는 상태로 발생되는 토지와 자본은 어떨까? 자본주의에서 이를 모두 가지고 있다면 강력한 생산수단을 소유하게 되는 것이다. 하지만 그렇지 않기에 노동력만이 가능한 대다수 일반인은 본인 스스로를 '흙수저' 출신이라고 자평하기 마련이다.

대부분 토지와 자본 확보에 대한 열망은 강하나, 그 기준은 높다. 최소 중소기업 이상의 경영자로서 본인 또는 본인 회사의 땅에서 사업을 영위하는 것을 생각하기에 그 이상향은 너무나도 멀게만 느껴진다. 시장경제의 가장 큰 장점은, 그 기준점을 낮추어 한 계단씩 실행하고 성취했을 때 본인의 성과로 귀속되는 동시에 더 큰 꿈을 달성하고자 노력할 수 있다는 것이다.

시장경제 자본주의에서는 범법 행위가 아닌 이상 옳고 그름의 잣대를 굳이 적용할 필요는 없다. 무엇을 해서 어떻게 수익 창출을 하든 사회·경제적으로 허용되고 승인된 것이라면 이를 행할지 말지는 경제 주체의 자율에 맡긴다. 피고용인으로서 일반적인 직장인 생활을 기본으로 하면서 경험이 누적된 이후에 본인만의 사업을 해도 된다. 가업을 물려받거나, 자영업을 통해 사회에 안착하고 사업체를 키워도 좋다. 업종과 업태는 허용된 것이라면 무방하다.

이를 수행하기 위해서는 본인 노동력을 제공하거나, 타인 노동력을 활용해야 한다. 본인 노동력의 대가로는 급여를 지급받을 수 있고, 타인 노동력에는 정당한 임금을 지불해야 한다. 토지와 자본은 특정 경제활동을 할 때 주어지기도 하고, 그렇지 않기도 하다. 자본주의 생산의 3요소 중에서 핵심요소 2가지가 부재하다면, 생산으로 이어질 가능성은 매우 제한된다. 시장 경제의 참관자이자 심판 역할을 하는 정부 당국은 이를 정책적으로 지원한다. 사무공간 제공, 보조금 지원 또는 대출을 통한 자금 융통 등이 대표적 사례다.

타인 자본의 활용도 신용사회의 필수 요건

사업 경영 활동에 필요한 토지 및 자본 확보를 위한 자금 지원은 매우 일반적이다. 집과 같은 주거용 부동산은 가족의 안식처이자 자산 형성의 주요 수단이다. 사무실, 공장 및 상가 등의 상업용 부동산은 본인 사업을 위한 수단이자 원하는 삶을 살게 해주는 자아 성취를 위한 밑거름이 되기도 한다.

이 전제는 맞지만, 만약 부동산을 취득하는 데 자기 자본을 제외한 타인 자본을 활용하는 것이 부적절하다면 헌법상 보장된 행복 추구권, 개인과 기업의 경제상의 자유와 창의권의 제약을 받을 수도 있다. 태어난 곳에서 살 수밖에 없는 상황이 연출되고, 사업으로 자본을 확보하기 전까지는 향토 기업 또는 향토 사업가로만 있어야 하기 때문이다.

필자는 주거의 이동을 통해 행복 추구권을 달성할 수 있었다. 필자의 행복은 분명 커졌고, 우리 가족 모두 만족스러운 일상을 보내고 있다.

사람들은 '내 지갑에만 언제나 돈이 없다'는 푸념을 종종 하곤 한다. 도대체 돈 많은 사람들은 다 어디에 있는 거냐고 묻기도 한다. 그런 이야기에 공감한다. 그걸 안다면 손쉽게 소득 및 수익 활동을 할 수 있을 것이다.

현실적으로 시장경제에서 남의 돈 벌기는 어렵다. 회사를 다니며 얻는 근로소득으로는 생활을 이어가기 위한 딱 적절한 금액만이 입금된다. 돈이 있어도 그 돈의 활용처는 대개 정해져 있기 마련이다. 특히 젊은 사람일수록 사회생활을 하며 이것저것 축적해야 할 것이 많기에 더욱 그렇다.

레버리지는 필요할 때 더 적극적으로 활용하자

반포 아파트 분양 공급 계약 시(2015년 12월), 평생 처음 신용대출을 개설해야 했다. 우리 부부의 세전 연봉 대비 약 13배의 분양 공급가액이었다. 가처분 소득과 가까운 세후 소득을 기준으로 한다면, 그 배율이 더 높아질 것은 당연했다. 그만큼 높은 가액의 부동산이었고, 그 금액은 그 시점에서도 절대 적은 액수가 아니었다.

7년 전인 2015년 말에도 여전히 주택시장에 대한 비관론은 낙관론보다 훨씬 팽배했다. 사회 초년생 신혼부부가 주택 등 부동산 권리 취득 계약을 한다는 사실 자체는 일반적이지 않았다. 필자가 짧은 시간의 고심 끝에 결정을 내릴 수 있었던 가장 큰 동인은, 임대인에게 전세금 증액 및 반전세의 월세를 주는 대신 은행에 원리금을 납입하자는 생각이었다.

영등포 아파트의 분양 공급 계약 시(2016년 8월)에는 더 자본이 없었다. 필자의 아내는 결정에 협조해줬으나, 확신을 가지진 못한 눈치였다. 이미 반포 아파트 분양 공급 계약을 한 상황에서 이보다 생활환경이 좋다고 볼 수 없는 지역의 분양권 공급 계약을 추가로 하자는 필자의 제안 자체가 사실 무리였다.

아내의 우려는 현실로 다가왔다. 공급 계약을 하기 위해서는 계약금 마련이 당면한 과제였다. 분명 힘겨웠다. 자금 확보까지 물리적 시간 소요는 불가피했는데, 시간의 소요로 인해 남아있는 물건의 층수는 고층에서 중층, 그리고 저층으로 하향 조정되었다. 마음이 급해졌다. 할 수 있는 모든 방법을 강구한 끝에 3건의 신용대출을 추가 개설했고, 퇴직금도 정산했다. 가까스로 자금을 마련해 계약할 수 있었다. 결정부터 계약까지 열흘 걸렸다.

이자 부담 급증은 생활을 더 빡빡하게 했다. 급여를 늘리기 위해 증권업 내에서의 첫 이직을 결정했다. 그 후 입주까지 1년 1개월의 시간은 정말 인고의 세월이었으나, 영등포 아파트 입주 후 잔금 대출로 일괄 해결할 수 있었다.

결과는 성공적이었다. 어려운 고비를 누구의 도움도 없이 스스로 넘기면서 한 발짝 전진할 수 있었다. 반포동 아파트 입주 때에는 정부의 정책 변화 및 규제책 강화의 소급 적용 대상이 되었음에도 이미 이와 유사한 난관을 통과해봤기에 비교적 자신감 있게 할 수 있었다. 역시 경험만큼 좋은 백신은 없다는 것을 깨달았다.

인컴 파이프라인의 확보, 경제적 자유를 위한 시작

가보지 않은 길이기에 필자 또한 미래의 불확실성에 대한 두려움은 있다. 필자는 평범하기 그지없는 사람이다. 농구 황제 마이클 조던은 "성공에는 지름길이 없다"라고 했다. 그는 노력의 아이콘이었다. 필자 또한 노력을 기울이고 있다.

평생직장 개념은 진즉에 사라진 시대다. '유산슬'이라는 국민 MC 유재석의 부캐(부캐릭터의 약어)는 이제 대중에게 익숙해졌다. 멀티 페르소나, 새 캐릭터 양성 등의 이유로 시작된 부캐는 이제 일반인의 삶 속에도 빠르게 확산되고 있다. 황금 시간대의 대중 매체 프로그램에 나온다는 것은 대중에게 편하게 수용될 수 있다는 걸 뜻한다. 불편한 내용을 많은 시청자가 볼 리는 없기 때문이다. 나의 일이 아니니까 일반적이지 않다고 생각하는 것은 요즘 같은 다변화된 세상에서는 착각일 수 있다.

아직 일반 근로자의 입장에서 회사 규정상 겸직 금지에 관한 유무

형의 제약은 존재하나, 코로나19 팬데믹으로 인해 특정 산업의 회사에서는 근로자에게 부캐를 활용한 생활을 권장하기도 했다. 워라밸을 중시하는 시대로 전환하면서 고용인이 업무 시간 이외에 피고용인의 삶을 일괄적으로 통제하는 일은 어려워졌고, 현실적으로도 불가능하다.

부캐의 전성시대, 그런데 왜 지금?

한 회사의 조직 구성원이더라도 그 소속감은 계약 기간 및 내용 안에서 유지된다. 상위 법령과 일반적 인식 또한 이에 영향을 미칠 수밖에 없다. 계약 기간 종료는 소속감의 이탈로 이어지기 마련이다. 정년퇴직까지 일반적 커리어 경로가 이어질 것이라는 일반인 비중이 급감하면서 노후 및 사업 준비, 타 업종으로의 이직 등은 한결 자유로운 분위기 속에서 진행되고 있다.

그 일환으로 부캐를 통한 제2, 제3의 인생을 준비하는 것은 자연스럽다. 이를 추구하는 집단과 인원은 계속 늘고 있다. 결국 산업으로 발전하면서 신산업으로의 자본 쏠림 현상은 더욱 가속화될 것이다. 과거에는 배우자가 사업 또는 자영업을 할 때, 퇴근 후 배우자의 사업 일손을 도와주는 것이 회사 업무에 방해가 된다는 생각이 주된 인식이었다.

그런데 지금은 어떠한가? 이를 전혀 이상한 시선으로 바라보지 않는다. 오히려 배우자의 사업 성공을 바라는 이가 많아졌고, 일손을 보태는 것은 당연한 것으로 기존의 인식이 변화되었다. 필자의 경우에도 이를 알게 된 직장 동료 및 선후배도 더 관심을 갖고 물어보는 경우도 많다.

애널리스트의 라이프 사이클은 짧다

필자가 종사하는 자본시장업은 일반적으로 근속기간이 짧다. 또한 정년도 일찍 도래하는 편이다. 그중에서도 금융투자분석사로 일컬어지는 애널리스트의 생명은 더 짧다. 가끔 업계 선배들이 과거더 연배가 높은 선배들의 근무 집중도에 대해 불만을 제기했었는데, 이제는 본인도 그 선배들 입장이 이해가 간다고 하는 걸 보면 근무강도가 남다른 업이다.

30대 초중반의 업무 수행 능력이 나오지 않는다면 책임감이 강한 업의 특성상, 애널리스트 본인 스스로가 상당히 괴롭기 마련이다. 이는 곧 자발적 퇴사나 전직으로 종종 이어진다. 게다가 증권업의 업황이 침체 국면으로 진입하고 길어질 때 구조조정이 도래하는데, 리서치센터의 애널리스트는 구조조정 1순위에 해당한다. 필자 역시 여의도 입성 2년 만에 이 현실을 목도했다. 나에게는 해당되지 않는 일이 결코 아니다. 그렇다면 미리 준비해야 한다.

필자의 수익은 근로소득이 대부분이다. 근로소득은 본인의 노동력을 제공해야 받을 수 있는 반대급부에 해당한다. 근로소득은 자본 시장의 생산 3요소 중 가장 기본적 형태일 뿐이다. 공동 명의로 소유하고 있는 부동산에서는 아직 현금이 창출되지 않고 있다. 도리어 원리금 상환과 재산세 및 종부세 등 납세의 의무는 나날이 가중되고 있다. 2021년 보유세만으로 우리 부부는 약 5천만 원을 납부했다. 부부 공동이 아닌 각자만으로도 종부세 납부자들 중에서도 상위 1%에 해당한다.

국가의 재정에 기여했다는 자부심은 잠시고, 납세는 지속적이다. 애널리스트로서의 근로가 단절되더라도 이상하지 않을 환경이 조금씩 갖추어지고 있는 점을 감안할 때, 애널리스트에게도 부캐 또는 부캐와 같은 근로소득 이외의 인컴 파이프라인이 필요한 것은 숙명이다.

토지(부동산)를 통한 인컴 파이프라인 확보 방법

자본주의 시장경제의 생산 3요소 중 근로이자 노동을 계속하고 있다면, 부동산으로 대표되는 토지에서 나올 수 있는 인컴 파이프라인을 가동할 때가 되었다. 전세보증금 증액과 같은 일회성 현금 흐름 창출도 중요하나 지속적이기는 쉽지 않기에 인컴 파이프라인이라고 보기엔 어렵다. 월 급여를 대체할 수 있는 부동산 임대 수익의 확보로 이어져야 한다.

현재 서울 아파트의 평균 전세가율은 약 55% 내외에 형성되어 있다. 서울 아파트 평균 매매가는 약 12.8억 원으로 추산되는데, 전세가율을 적용할 시 약 7억 원에 육박하게 된다. 물론 통계치마다 다소 상이할 수 있다.

이 경우 전세가율을 월세로 전환할 수 있다. 이른바 전월세 전환율이라고 한다. 이는 수도권 중 서울이 가장 낮다. 현재 3.1% 내외를 기록 중이다. 전세보증금 1억 원을 연간 3.1%로 적용하면 연간 310만 원으로 전환된다. 이를 12개월로 나눌 시 약 25만 원을 소폭 상회한다. 연간 310만 원은 1억 원 전세보증금의 월세에 해당한다. 서울 아파트 평균 전세가는 7억 원에 육박하므로 '310만 원×7=2,170만 원'의 임차료 수입을 얻을 수 있다.

문제는 이는 전월세 전환율이며 월세 수익률은 매매가를 기준으로 한다는 것이다. 2,170만 원을 서울 아파트 평균 매매가인 12.8억 원으로 나눌 시 1.71%라는 상당히 낮은 수익률이 산출된다. 월세로 계약할 때 약 2년 치 임차료를 보증금으로 설정하는 것을 감안하더라도 1.78%로, 소폭 상향에 불과하다. 이는 한국 주택시장에 비판적 입장을 취하는 사람들이 부동산 하락론을 외칠 때 들고 나오는 대표적인 근거다.

월세 수익률이 낮다면, 이를 기반으로 한 수익 확보를 하지 않고 타 방안으로 대체하면 된다. 첫 번째 개선책은 전세 임대차계약으로 전세보증금을 확보한 후, 이를 수익률이 높은 자산·상품으로 대체 투자하는 것이다.

2022년 현재, 임대차 3법 개시 후 2년이 도래하고 있기에 동 제도의 부작용이 커질 수 있는 시점이다. 임대인과 임차인의 입장 차이가 극명해질 때다. 임차인에게는 안타까울 수 있지만, 임대인에게는 2년이라는 인고의 시간을 겪은 후 자율적으로 의사를 결정할 수 있는 시간이다.

또 다른 방안은 자연스러운 월세의 상향 조정 추세에서 비롯된다. 수익률이 높은 주거 자산도 분명 존재한다. 서울 및 수도권, 그리고 광역시 핵심지는 선진국형 주거 형태로 빠르게 변화하고 있다. 호텔식 시설 및 서비스와 쾌적한 환경을 두루 갖춘 주거지의 인기는 가히 탁월하다. 그러다보니 실거주 만족도가 높을 수밖에 없다. 해당 특성을 지닌 아파트도 각 지역에서 발생하고 있다. 다만 도시의 입지에서 이를 모두 갖춘 지역은 매우 제한적이라는 제약 요인은 분명 존재한다.

그렇기 때문에 시간이 지날수록 토지 가치가 높은 상업지역과 준주거지역에 위치한 주상복합 형태의 주거지가 재평가될 것이다. 이들 주거지는 도심 및 부도심의 핵심 입지에 있기 때문에 이동의 편리성이 우수하다. 또한 토지 가격이 높은 입지에 위치하고 있어서 아파트와 같은 공동주택보다 집합건물의 형태로 건축되기 때문에 더 견고하다. 이는 일상생활에서 그 장점이 드러나기 마련이다. 게다가 저상 및 지하에는 다양한 편의 시설이 들어오게 된다.

이와 같은 형태의 건물은 주상복합이 일반적이나, 최근에는 젊은 층에 인기가 높은 공유 주택의 건물 또한 빠르게 늘어나고 있다. '내 삶의 만족도'가 중요한 MZ세대는 나를 위한 지출의 가격 탄력성이 높지 않을 수 있기에 주목할 필요가 있다.

이는 높은 전세가율을 견인한다. 또한 전월세 전환율 또한 우수하다. 그동안 재건축 가능성의 제한 및 높은 관리비 등이 저평가 요인으로 작용했는데, 이제는 장점으로 부각되고 있다. 트렌드의 변화와 함께 새롭게 건축되는 공동주택 또한 재건축 가능성은 점차 희박해지고 있기 때문이다.

돌고도는 세상의 이치가 주거의 모습에도 적용되고 있다. 강남구에 위치한 타워팰리스의 위상은 시간이 지날수록 재평가받고 있다. 최근 타워팰리스의 매매 및 전세가 흐름은, '주상복합은 소외받을 수밖에 없다'는 입장을 정확히 반박하게 하는 사례다.

자본(사업)을 통한 인컴 파이프라인 확보 방법

시장경제 자본주의의 생산 요소 중 핵심은 자본이다. 자본주의라는 용어에서부터 자본의 중요성은 압도적이다. 즉 돈이 돈을 벌게 하는 구조를 지향하는 것이다. 옳고 그름을 논하기보다 이미 주어진 환경에서 더 발전할 수 있는 방안을 모색하는 것이 시장경제의 살길이고 가야 할 길이다.

우리나라는 이미 세계 10대 경제 강국이다. 이는 세계에서도 손꼽힐 정도로 수많은 성공의 기회가 존재함을 의미한다. 수많은 외국인이 '코리안 드림'을 위해 한국으로 향하고 있다. 빈부격차 확대, 수도권 집중화 등 사회 구조적 문제는 정치인, 행정가 및 사회학자 등에게 맡기되 우리는 관심 정도만 갖는 것이 어떨까 싶다. 사회주의자였던 체 게바라 또한 "가슴 속에는 불가능한 꿈을 가지되, 현실주의자가 되자"라고 했던 것을 기억할 필요가 있겠다.

가족을 담는 공간인 주택과 같은 부동산에 관한 필자의 생각과 사례를 이 마지막 장에서 이야기했다. 필자는 가족과 함께 많은 시간을 보내고 싶다. 가족과 함께할 때, 무엇과도 바꿀 수 없는 행복이 있다고 생각하는 사람이기 때문이다. 근로소득은 노동력의 반대급부다. 아무리 고연봉을 수령하는 근로소득자가 되더라도 그만큼의 값어치를 하는 노동력을 제공해야 한다.

일반적 수준의 능력에 불과한 필자는 고연봉을 수령하기 위해서는 생산성 향상과 더불어 더 많은 시간 투입이 필요하다. 하지만 소중한 가족과의 시간을 희생해야 한다면 너무나도 마음 아플 것 같다. 그래서 자본주의 생산 3요소 중 노동력, 토지에 이어 자본에 대한 고민이 깊다. 이를 갖출 때 비로소 경제적 자유를 향한 본 여정이 시작될 것이다.

필자의 주업은 채권전략과 부동산 분석인데, 그중에서도 채권에 기반하고 있다. 금리와 커브 등을 분석하고 전략을 강구하는 것인데, 이는 필연적으로 가격에 대한 판단이다. 가격의 향방에 따라 민감하다. 그럼에도 사회문화적 행태 및 인식에 대한 관심도 상당히 높다.

서울을 향한 열망은 강해졌다. 부동산 시장의 열기가 강해질수록 '서울 자가 아파트 소유'라는 벽은 높아지기 마련이다. 이는 서울 이외의 대안인 경기도와 인천을 필두로 한 수도권의 집중화로 나타났으며, 당분간 이어질 것이다. 서울 강남을 중심으로 한 촘촘한 사슬 형태의 입지 배치는 생태계처럼 매우 치밀하고 예술적이기까지 하다. 그리고 이 촘촘함은 결국 가격으로 나타난다.

국민소득은 높아지고 문화적 수준은 다변화, 고급화되고 있다. 도시를 향한 집중화는 필연적으로 탈도시화라는 현상으로 나타나게 될 것이다. 제주도에서의 한 달 살기 열풍은 이미 코로나19 이전부터 있었다. 제주도뿐만 아니다. 괌, 하와이 및 동남아시아 각지로의 이동 수요는 분명 존재했었다. 엔데믹으로 변화하면 이러한 수요는 더 가속화될 것이다.

이를 자세히 살펴보면, 탈도시화를 통한 교외화를 추구하면서도 도시와의 근본적 단절을 추구하는 것은 아니다. 한국의 수도권 중심의 치열한 경쟁에서 벗어나고자 함이다. 그러므로 도시 속 자연환경이 갖추어진 곳의 니즈는 더 강렬해질 것이라고 본다.

시장경제 자본주의에서는 개인의 지위만으로는 노동력을 제공하는 생산 요소로 남겨질 가능성이 높다. 이제는 이를 극복할 때다. 자본주의의 승자는 단순한 개인이 아닌 다양한 법적 인격체를 활용해 본인만의 사업을 하는 자본가임을 명심해야 한다. 그리고 그 꿈을 달성하기 위해 학습하고 실천하며 노력해야 한다.

액션 플랜, 그리고 진정한 실천을 향한 발걸음

필자는 우리 가족의 자산 포트폴리오에 현재 거주지를 택했다. 덕수궁 터에 들어섰기에 앞으로 영구적으로 동 입지와 같은 수준의 주거 단지는 나올 수 없다. 서울의 3대 도심인 동시에 유일무이한 조선의 궁궐터에 위치한 이 단지에 대한 외부인의 수요는 끊임없이 유입되고 있다. 이는 임대차 가격의 상향 조정으로 이어진다. 우리 가족의 향후 부동산에 기반한 인컴 파이프라인은 여기에서 비롯될 수 있다는 확신이 있다.

우리 가족만의 공간은 분명 필요하다. 이는 우리 가족만의 현상은 아닐 것이다. 모든 사회 구성원에게 유사하게 적용될 것이다. 주말 별장 또는 휴가철에 이용하는 세컨드 하우스의 개념이다. 필자는 이를 실현하기 위해 부산시에 주택을 마련했다. 약 50층에 달하는 공동주택으로, 우리 가족이 곧 이용하게 될 곳은 영구적인 오션과 마운틴뷰를 동시에 감상할 수 있는 오픈 베란다 3개가 있는 펜트하우스이다.

단순히 자본주의 생산 3요소인 토지에 기반한 부동산 임대업으로 활용 가능한 것은 일차적인 방법이 되겠다. 그 경우, 우리 가족의 공간에 대한 점유 권한을 타인으로 대표되는 임차인에게 넘겨주게 된다. 사실 자본에 기반한 생산요소로 활용하고 싶은 생각이 강렬하다. 지중해와 유사한 풍광을 자랑하는 곳이기도 하다.

그렇다면 이 공간의 활용도를 높이는 사업 주체들을 유치할 수 있다. 각 업체의 마케팅 공간이 되는 것이며, 필자는 공간 대여업을 영위하게 되는 것이다. 필자는 이 부동산의 가동률을 더 높이기 위해 마케팅 차원의 협업을 하는 동시에 이를 단기 임대업과 공간 대여업의 결합으로 융합시키고자 한다. 사업체와 개인 고객의 만남의 장이 되는 그런 모습을 꿈꾼다.

또한 이와 같은 여러 사업 아이템은 법률 전문가와 조세 전문가의 컨설팅을 통해 진행할 계획이다. 앞서 언급한 비과세, 일시적 1가구 2주택을 통한 비과세 및 장기보유특별공제 활용 방안은 유효하다. 이 부동산은 가족의 비상장 사업체에 출자하는 방식으로 취급할 예정이다. 그야말로 법적 인격체를 개인과 사업체로 분리하고자 한다.

물론 가보지 않은 길이기에 필자 또한 미래의 불확실성에 대한 두려움은 있다. 농구 황제 마이클 조던은 천재적 재능과 부단한 노력으로 농구계를 넘어선 자본주의의 아이콘이 되었다. 그는 "성공에는 지름길이 없다"라고 했다. 그는 노력의 아이콘이었다. 필자는 평범하기 그지없는 사람이다. 그처럼 되려고 하기보다는, 해보지 않는다면 노력도 없기에 한 걸음 한 걸음 나아가고자 노력을 기울이는 것이 가장 큰 목표라고 감히 말할 수 있다.